Patrik Baab

PROPAGANDA-PRESSE

Wie uns Medien und Lohnschreiber in Kriege treiben

PROPA-GANDA-PRESSE

Wie uns Medien und Lohnschreiber in Kriege treiben

Patrik Baab

HINTERGRUND
DAS NACHRICHTENMAGAZIN
WISSEN KOMPAKT

ISBN 978-3-910568-11-2

6. Auflage, 2026
www.hintergrund.de

Konzept und Satz: Buchgut, Berlin
Druck und Bindung: Friedrich Pustet GmbH & Co. KG, Regensburg

MIX
Papier
FSC FSC® C014889

Inhalt

6 Unter Feuer

Wenn die Presse ihre Arbeit gemacht hätte, wäre es wahrscheinlich zum Krieg in der Ukraine nicht gekommen. Statt aber selbstkritisch das eigene Versagen auszuwerten, lesen, hören und sehen wir tagtäglich, dass sie ihre Arbeit nach wie vor nicht macht. In diesem Punkt traue ich mir ein Urteil zu: Mehr als 40 Jahre war ich Redaktions- und Anstaltsinsasse: bei einer Alternativ-Zeitung, Magazinen und Zeitungen, beim öffentlich-rechtlichen Rundfunk in Hörfunk-, Fernseh- und Online-Redaktionen. Ich kenne meine früheren Kollegen. Der Beruf prägt den Menschen, sein Denken und Fühlen. Ich habe die gleiche »déformation professionnelle«. Ich bin Sie.

Am 25. September 2022 stehe ich am Fenster des Hotels Park Inn in Donezk in meinem Zimmer im 5. Stock. Ich beobachte, wie eine Artilleriegranate ein Wohnhaus trifft. 800 Meter von mir entfernt kracht ein Teil der Fassade herunter. Etwa zur gleichen Zeit erreicht mich eine Textnachricht von T-Online. Der Redakteur Lars Wienand will wissen, ob ich ein Wahlbeobachter bei den Referenden in den von Russland besetzten Gebieten bin. Ich befinde mich auf einer von mehreren Recherche-Reisen in die Ukraine und nach Russland. Ich stelle klar, dass ich als Journalist unterwegs bin. Offenbar hat er aber nur pro forma angefragt. Denn mein Dementi hat ihn nicht weiter interessiert.

Tatsächlich war ich weder Wahlbeobachter noch bin ich ein Apologet des Kremls. Beides wäre mit geringem Aufwand feststellbar gewesen. Ich habe für mein Buch »Auf beiden Seiten der Front« recherchiert und habe genau das gemacht, was Journalisten tun sollten: mit beiden Seiten reden und nicht nur am Schreibtisch, sondern vor Ort recherchieren.

Während mein Begleiter Sergey Filbert und ich im Donbass Milizen, Scharfschützen, Artilleriegranaten und Minen zu entgehen suchen, blasen Sitzredakteure in Deutschland zum publizistischen Angriff. Ein Wahlbeobachter sei ich gewesen bei Putins Scheinreferenden, ein Apologet des Kremls, ein Journalist auf politischen Abwegen. In der Folge kündigen die Christian-Albrechts-Universität zu Kiel und die Hochschule für Medien und Kommunikation in Berlin meine Lehraufträge. Sie fallen auf eine Falschmeldung herein, die fabriziert worden ist, damit jemand darauf hereinfällt. Denn solche Denunziationskampagnen, für die T-Online bekannt ist, wirken nur, wenn andere mitmachen. Geprüft hat niemand.[1]

Dass ich Ziel einer von T-Online initiierten Pressekampagne wurde, zeigt den Zerfall der öffentlichen Debattenkultur und des journalistischen Handwerks. Dass ich dafür zwei Lehraufträge verloren habe, zeigt die Gleichschaltung der Universitäten und ihre Unterwerfung unter die Propaganda-Narrative der NATO. Die Vorgänge zeigen aber noch mehr: Sie verweisen auf den weitgehenden Realitätsverlust der Mainstream-Medien und der bundesdeutschen Öffentlichkeit. Sie haben sich verrannt in die eigene Propaganda und sind nicht mehr in der Lage, die reale Situation zu begreifen. Mehr noch: Wenn die Tatsachen nicht mit der Realität in Einklang zu bringen sind – umso schlimmer für die Tatsachen. Der Realitätsverlust der Presse mündet in ihre Realitätsverweigerung. In der Komfortzone ihrer Redaktionen verborgen, tun sie alles in ihrer Macht Stehende, den Krieg zu verlängern und andere in den Tod zu schicken. Genau dies ist einer der Hauptgründe der ukrainischen Niederlage.[2]

Worin sich dieser Realitätsverlust zeigt; was über die tatsächliche Lage im Kriegsgebiet berichtet werden sollte; wie jene Informationskartelle zustande kommen, die eine realitätstaugliche Informationsgebung verhindern; welche Folgen der Realitätsverlust der Medien produziert; die Ursachen der medialen Realitätsverweigerung; das Zusammenwirken von Propaganda, Ressentiment und

 Russenhass im digitalen Kapitalismus – darum geht es in dieser Schrift. Dabei wird das kommunikative Handeln mit den Produktionsverhältnissen verschränkt.[3]

Ich nehme auch auf persönliche Erfahrungen Bezug. Ich tue das im Bewusstsein, dass sie subjektiv sind. Meine Recherche-Ergebnisse habe ich deshalb mit dem Forschungsstand abgeglichen. Zunächst gebe ich zehn Beispiele für die Realitätsverweigerung der Presse; dann beschreibe ich ihre Ursachen und präsentiere einige Schlussfolgerungen.

Drei Tage später, am 28. September 2022 wird unser Hotel »Park Inn« in Donezk von ukrainischer Artillerie beschossen. Eine 155-mm-Granate fliegt knapp an unseren Zimmern im 5. Stock vorbei und explodiert auf dem Parkplatz. Die Druckwelle fegt durch die Lobby, zerstört die Glasfront und das Mobiliar. Die Frauen am Empfang überleben, sie standen hinter einem Pfosten. Bis zum vierten Stock bersten alle Scheiben.[4] Wir hatten das Gebäude gerade verlassen und kommen mit heiler Haut davon. Dieser Vorfall zeigt in mehrfacher Hinsicht das Versagen der Medien im Krieg. Denn sie präsentieren nicht die Realität, sondern inszenieren sie und formen sie um – mit potentiell tödlichen Folgen.

Journalisten stilisieren sich gerne als Vierte Gewalt. Diese Selbstbeschreibung impliziert, dass sie aus der Position gleichsam neutraler Beobachter die Machteliten kritisch begleiten. Ein genauerer Blick entlarvt das als plumpe Schultzbehauptung. Diese Vorstellung ist erwachsen aus der Arbeitsteilung des Redaktionsbetriebes und zeigt nicht die soziale Funktion des Journalismus, sondern lediglich die eigene Produktionssphäre. Wie jede akademische Berufsgruppe verrichten Journalisten Lohnarbeit und sind damit eingebettet in die herrschenden Macht- und Besitzverhältnisse. Die Presse ist Teil der Gesellschaft und damit jener Funktionseliten, die angeblich kritisiert werden, denen sie sich aber dienend unterwirft: »Wes Brot ich ess', des' Lied ich sing!« Wer die soziale Welt aus der Perspektive eines abgegrenzten Bereichs begreifen will, bleibt selbst in diesem Handlungsrahmen gefangen und verliert die Logik des gesellschaftlichen Geschehens aus dem Blick. Damit einher geht die Entscheidung für das Mitmachen. Dieser Journalismus gründet auf die Bereitschaft, zur Aufrechterhaltung des Systems beizutragen.

Daneben ist die Presse eingebettet in mediale Produktivkräfte, die selbst wiederum nicht neutral sind, sondern die transportierte Information strukturieren. Dies liegt geradezu in der Natur der Medien. Etymologisch steht der Begriff in Verbindung mit der Vorstellung einer Vermittlung und der Idee eines Trägersystems geistigen Ausdrucks. Dies verweist aber schon auf die technische Gestaltung des Mediums: »Es gibt kein Medium ohne Materialität, ebenso wenig eines ohne formende, d.h. ideelle Komponenten.«[5] Medien sind Vermittlungsinstanzen. Sie benötigen zur Vermittlung nicht nur Öffentlichkeit, eine Produktionsstätte für das Mitzuteilende und eine Transportkapazität, sondern auch einen Inhalt.

 Das transportierte verweist auf eine außermediale Gegebenheit.[6]

Medien präsentieren nicht die Sache selbst, sondern schaffen Distanz, indem sie sich zwischen das Präsentierte und den Empfänger schalten. Das Vermittelte ist in ein bestimmtes Bedingungsgefüge eingebettet und wird dadurch transformiert. Der Inhalt ist also nur in einer definierten medialen Ordnung gegeben: Jedes mediale Trägersystem präsentiert etwas nur in einer bestimmten Anordnungs- oder Reihungsstruktur. Medien unterwerfen ihren Gegenstand ihrer systemischen Logik.

Gleichzeitig stellen Medien Nähe her. Sie heben Raum- und Zeitdistanzen auf. Mediale Nähe korrespondiert damit, Übermittlungsgeschwindigkeit zu erhöhen und Abstand aufzuheben. Wenn aber insbesondere elektronische Medien Welterfahrung auf Nah- und Gleichzeitigkeitsverhältnisse reduzieren, verschwindet zunehmend der Orientierung gebende Sinn des Horizontes. »Wo alles gleich nah ist,« so Klaus Wiegerling, »muss um der Orientierung willen der Horizont und damit die Möglichkeit des Fremden künstlich erzeugt werden, was natürlich enorme Manipulationsmöglichkeiten eröffnet.«[7]

Medien artikulieren ihe Position zum Abwesenden. Der Betrachtungsgegenstand wird immer über ein konkretes Blatt, einen Lautsprecher, einen Bildschirm etc. vermittelt. Daneben sind Medien immer ein ideelles Strukturganzes, das selektiert und damit bewertet. Deshalb betrachtet Günther Anders eine Nachricht, insbesondere die optisch übermittelte Nachricht in audiovisuellen Medien, als ein vom Gegenstand abgelöstes Prädikat und damit als ein Vorurteil.[8] Beaudrillard geht noch einen Schritt weiter und macht deutlich, dass der Mensch selbst Teil der medialen Welt geworden ist, die er wie einen Herzschrittmacher benötigt. Er artikuliert sich immer in medialen Bezügen.[9]

Dabei ist die Information selbst niemals identisch mit dem konkreten Sachverhalt, sondern präpariert eine bestimmte perspektivische Wahrnehmung, die wiederum in ein bestimmtes Trägersystem eingeprägt ist. Damit weist das Medium über seinen Gegenstand hinaus: Es handelt sich um eine technische Einrichtung, die ein Sinngefüge konstruiert, das wiederum bestimmte Sinnbildungen beim Rezipienten ermöglicht. Das Medium inszeniert das Vermittelte und schafft damit neue Bedeutung. Dies gelingt, da Medien den Sachverhalt durch Zuweisung, Ordnung und Einordnung in einen Verweisungsrahmen stellen. In dieser Hierarchie bzw. Form- und Relationsstruktur tritt die vermittelte Sache erst in Erscheinung: »Das durch die genannten Bedingungen bestimmte Medium erweist sich nie als neutrale Gegebenheit, sondern als aus einem konkreten historischen und kulturellen Bedürfnis heraus entstanden und in einer konkreten historischen und kulturellen Situation eingerichtet.«[10] Umso wichtiger ist es, diesen Bezugsrahmen im Blick zu behalten. Denn Medien schaffen und transportieren Ideologie und Propaganda, verstanden als zielgerichtete Versuche, Meinungen und Verhalten interessengeleitet zu steuern. Medien vermitteln unabhängig von der Informationsvermittlung eine Weltsicht, die von den Spezifika des Mediums und den medialen Produktionsverhältnissen abhängt:

»Solche Systeme sind nicht nur nicht neutral, sie unterstützen auch eine Ideologie, die im Utilitarismus wurzelt. Ideologie wird hier nicht als selbstbewusster sozialer und politischer Mechanismus verstanden, sondern als ein halbbewußter, halbartikulierter Prozess, der politische, wirtschaftliche und soziale Kräfte bündelt... Nimmt sie eine artikulierte Form an, wird sie in der Regel von den ... Visionären der Hochtechnologie und von denen, die am ehesten von einer solchen Vision profitieren können, bereitgestellt. ... Die Ideologie verbreitet auch einige Lügen: dass die Technologie Werten dient, aber keine schafft.

 Technologie verkörpert immer schon eine Reihe von Werten, sowohl in ihrer Praxis als auch in ihrter Natur, und weitere Anwendungen prägen und fördern diese Werte.«[11] Dies wird im Zusammenhang mit der Digitalisierung weiter unten aufgegriffen.

Medien, so Klaus Wiegerling, liefern »auch die Wahrheitsmatrize, nach der Informationen zu beurteilen sind«, vermitteln also Weltsicht und Weltordnung: »Jedes Medium impliziert historische Dispositionen, die den Auffassungssinn einer Information nachhaltig verändern. Die mediale Transformation einer Information bedeutet also tatsächlich ihre Umgestaltung.«[12] Die Art der Umgestaltung hängt nicht nur von technischen Gegebenheiten, also der Ausgestaltung medialer Produktivkräfte ab, sondern auch von medialen Produktionsverhältnissen. Diese wiederum sind einerseits geprägt vom Privateigentum an den Produktionsmitteln in den Konzermedien oder andererseits durch die Nähe zur Regierung und zum herrschenden Parteien-Kartell in den öffentlich-rechtlichen Medien. Mediale Produktionsverhältnisse prägen den Informationen und der Wahrheitsmatritze ihrer Einordnung Interessen auf. Information ist eine Ware, die unter marktkapitalistischen Bedingungen verkauft werden muss. Sie dient der Profitmaximierung. Gleichzeitig sind Medien eingebettet in die herrschenden Machtverhältnisse und unterliegen politischen Einflüssen, folgen also politischen Interessen.[13] Die Einschreibung von Ideologie und Propaganda geschieht über wirtschaftliche Zwänge, soziale und politische Selektion des Personals, das herrschende Meinungsklima, Public Relations oder über direkte Einflussnahme der Machteliten.

Deshalb ist Wahrheit auch in Medien kein neutraler Begriff. Was, wie, wo, wann und warum recherchiert und verbreitet wird, unterliegt gesellschaftlichen Zwängen. »Die Redaktionen entdecken nichts mehr«, schreibt Michael Meyen. »Sie sind zu Sprachrohren der Regierenden geworden.« Aber die Propaganda-Matrix brauche die Idee eines unabhängigen Journalismus, um unsichtbar zu werden. »Solange wir glauben, dass die Medienrealität eine Art Spiegel der Wirklichkeit ist, zusammengestellt von einer neutralen und unabhängigen Instanz, die sich bei der Auswahl und bei der Aufbereitung der Nachrichten ausschließlich an handwerklichen Kriterien orientiert, solange verschwindet diese Matrix gleichsam vor unseren Augen.«[14] Dagegen ist Propaganda, also die bewußte und zielgerichtete Manipulation, ein wesentlicher Bestandteil demokratischer Gesellschaften. Die Arbeit der Medien besteht vor diesem Hintergrund in der Herstellung von politischem Konsens.[15]

Demgegenmüber gibt es nicht nur in Kriegszeiten ein ethisches Erfordernis, die Logik ökonomischer und politischer Entscheidungen in Frage zu stellen und damit den Bruch mit reiner isolierter, aktueller Ereignis-Berichterstattung zu vollziehen, zugunsten einer Kritik der herrschenden Meinung. Journalismus definiert sich darin, machtpolitische Ideologien und profitorientierte Kriegslogiken in Frage zu stellen. Recherchieren heißt, die politischen Missstände und ökonomischen Interessen aufzudecken, die den Krieg provozieren. In dieser Perspektive lässt sich sagen: »Wahrheit ist kein neutraler Begriff ohne gesellschaftliche Implikationen. Sie lässt sich als ein aktiver und oppositioneller Begriff fassen ... Wissen heißt, die Missstände in der Gesellschaft aufzudecken, ihre Probleme und ihre Falschheit. Es bedeutet, Institutionen, ihre Schattenseiten und Grausamkeiten anzugreifen.«[16] Doch augenscheinlich leisten die Medien dies in Kriegszeiten gerade nicht. Für den Journalismus gilt, was Max Horkheimer für die Wissenschaft diagnostiziert hat: Eine Presse, »die in eingebildeter Selbständigkeit die Gestaltung der Praxis, der sie dient und zugehört, bloss als ihr Jenseits betrachtet und sich bei der Trennung von Denken und Handeln bescheidet, hat auf die Humanität schon verzichtet.«[17] Dies wird im Fazit noch einmal zu diskutieren sein.

Die Dimensionen des Ukraine-Krieges

Die eingangs erwähnten Ereignisse zeigen wie unter einem Brennglas die Dimensionen des Krieges in der Ukraine und die Transformation der Presse. Zu den Dimensionen des Krieges zähle ich 1. Die militärischen Operationen auf dem Gefechtsfeld, 2. Den Wirtschaftskrieg gegen Russland und 3. Den Propaganda-Krieg. Diese drei Ebenen gehören zusammen, sie interferieren und potenzieren sich gegenseitig. Die Medien berichten also nicht über den Krieg in der Ukraine; sie sind vielmehr selbst eine zentrale Ebene dieses Krieges. Denn die Mainstream-Medien lügen nicht nur uns an, sondern auch die Ukrainer. Wie ein Unteroffizier der 32. ukrainischen Unabhängigen Mechanisierten Brigade an der Front erklärte: »Hier ist alles anders, als Du es in den Pressemeldungen und Medien liest.«[18]

Die militärische Dimension

Die Granate, die vor unserem Hotel explodierte, kam aus Marjinka, einem Vorort südwestlich von Donezk. Dort gab es schwere Kämpfe. Die Stadt lag auch Anfang 2024 noch unter ukrainischem Beschuss. Dabei gab es auch zahlreiche zivile Opfer. Die ukrainische Armee hatte seit 2014 Marjinka stark verbunkert. Dazu wurden alte Stollen genutzt. Im Februar 2024 arbeiteten sich die russischen Truppen langsam vor, in einer Zangenbewegung um den Ort. Im Februar 2023 wurde Avdiivka nordwestlich von Donezk erobert. Die ukrainische Front brach zusammen, der Rückzug war eine Flucht, Verwundete wurden zurückgelassen.[19] Im Westen von Bachmut/Artjamowsk und im Norden vor Charkiw erhöhen die russischen Verbände den Druck. Faktisch ist damit der Krieg für die Ukraine verloren; sie kann nicht mehr siegen. Nun versucht die NATO den Krieg, der eigentlich ein Krieg der NATO gegen Russland ist, auszuweiten.[20]

Präsident Putin nennt als russische Kriegsziele in der Ukraine: 1. Die Demilitarisierung und damit den Schutz der russischstämmigen Bevölkerung. Dabei beansprucht Moskau die gesamten bisher teilweise in die Russische Föderation aufgenommenen Oblaste Cherson, Saporischschja, Donezk und Luhansk sowie russische Städte wie Odessa, Mykolajiw und Charkiw. 2. Die Entnazifizierung der Ukraine und 3. Die Neutralisierung des Landes.[21] Dies bedeutet: Ein Beitritt der Ukraine zur NATO soll verhindert werden. Putin strebt außerdem einen Regimewechsel in Kiew an, von einer westlich orientierten, ultranationalistischen und faschistisch beeinflussten Regierung, die eine ethnisch reine Ukraine zum Ziel hat, zu einer prorussischen Regierung. Der Kreml hat deutlich gemacht, dass er nicht weichen wird.

Auch die NATO weicht nicht zurück. Ihre Führungsmacht, die USA, führt gemeinsam mit ihren europäischen Satrapen einen Stellvertreter-Krieg. Washington hat dabei das Ziel, den Krieg möglichst lange fortzusetzen, damit Russland einzudämmen und Profite in der Rüstungs-Industrie zu generieren; einen Regimewechsel in Moskau auszulösen; sich danach dem Hauptgegner China zuzuwenden; Europa zu spalten; insbesondere Deutschland von seiner Energie-Versorgung abzuschneiden und wirtschaftlich zu schwächen; die Europäer in den Krieg tiefer hineinzuziehen, denn es soll kein US-amerikanisches Blut fließen; die Europäische Union über die Achse Washington-Vilnius-Warschau-Kiew zu spalten und die Mitgliedsländer vollständig zu unterwerfen; den Anspruch der USA auf »full spectrum dominance« aufrecht zu erhalten.[22] Damit ist der Weg in endlose Kriege und in die nukleare Katastrophe vorgezeichnet.[23]

Eine Reihe von NATO-Ländern haben bilaterale Beistandsverträge mit der Ukraine abgeschlossen – eine diplomatische Meisterleistung der US-Administration.[24] Der slowakische Premierminister erklärte am 26.02.2024, einige westliche Staaten prüften die Entsendung eigener Truppen auf bilateraler Basis, was von der NATO nicht dementiert wurde.[25] Im Auswärtigen Amt wird darüber diskutiert, die militärische Beistandsverpflichtung nach Art. 42 EU-Vertrag in Einklang zu bringen mit der Beistandsverpflichtung nach Art. 5 NATO-Vertrag. Dies zielt darauf ab, gleichrangige militärische Bündnisverpflichtungen zu schaffen.[26] Deutschland verfüge, so die politische Direktorin im Auswärtigen Amt Tjorven Bellmann, über »präzedenzlos enge Beziehungen mit den Vereinigten Staaten«. Schritt für Schritt versucht Washington, den Krieg zu europäisieren und die EU immer tiefer in den Krieg hineinzutreiben. Dabei spielen transatlantisch korrumpierte politische Eliten in Europa die Rolle williger Vollstrecker. Den Vereinigten Staaten gelang es, Europas Außenpolitik zu kapern.[27]

Für beide Seiten – die NATO und Russland – geht die Rechnung nicht auf. Keine Seite konnte ihre Kriegsziele vollständig erreichen. Russland hat sich zunächst militärisch verschätzt. Doch inzwischen holt es auf und gewinnt an militärischer Schlagraft. Der Westen droht den Stellvertreterkrieg zu verlieren. Der frühere ukrainische Generalstaatsanwalt bezifferte die Verluste bis Ende 2023 mit einer halben Million Mann. Die NATO wird entscheiden müssen, eigene Truppen einzusetzen, sei es als Söldner oder als direkte Intervention. Der US-Politikwissenschaftler John J. Mearsheimer rechnet mit einem Abnutzungskampf bis zur totalen Erschöpfung. Er weist darauf hin: Eine Atommacht ist von außen nicht zu besiegen.[28]

In Washington rechnet man mit einer Teilung der Ukraine.[29] Die Frage ist: Wo wird die Demarkationslinie verlaufen? Es gibt Hinweise, dass Washington in diesem Falle eine Exilregierung in Lwiw plant. Ebenso gibt es Hinweise auf die Vorbereitung eines »Tonkin«-Zwischenfalls, den man den Russen in die Schuhe schieben kann, beispielsweise die Sprengung eines Kernkraftwerkes.[30] So könnte ein Vorwand für ein direktes Eingreifen des Westens geschaffen werden. Überlegungen für eine Intervention einzelner Länder unterhalb der NATO-Schwelle wurden im Februar 2024 diskutiert.[31] Bereits eine begrenzte NATO-Präsenz wird die Welt an den Rand eines nuklearen Armageddon bringen.[32]

Der Wirtschaftskrieg

Die Ukraine hat ihre wirtschaftlichen Schwerpunkte im Osten. Im Donbass sind Bergbau, metallurgische und petrochemische Industrie konzentriert. Dort gibt es auch wichtige Bodenschätze wie z. B. Seltene Erden und Lithium. In der Zentralukraine und im westlichen Landesteil verfügt Kiew über die fruchtbarsten Böden der Welt. In die Schwarzerde-Böden haben westliche Konzerne wie Monsanto, Eli Lilly oder John Deere inzwischen Milliarden investiert.

Die Kombination aus fruchtbaren Böden, genmanipuliertem Saatgut und niedrigen Löhnen verspricht hohe Renditen, Dominanz auf dem europäischen Agrarmarkt und die Kontrolle der Nahrungsmittelkette. Die veralteten Stahlwerke im Osten, die traditionell stark in die russische Wirtschaft vernetzt waren, sollen dafür geopfert werden. Hinter den westlichen Agrarkonzernen stehen Finanz-Investoren wie BlackRock, Vanguard usw., die ebenso in die Rüstungsindustrie investiert haben. Sie verdienen an Weizen und gleichzeitig am Krieg. Der Profitgier der Agrokonzerne und Finanzinvestoren werden Bauern und Mittelstand in Europa geopfert.[33]

Odessa ist die Export-Import-Drehscheibe der Ukraine. Verladen werden dort nicht nur Agrarprodukte, sondern auch Waffen. Militärexperten gehen davon aus, dass ein großer Teil der vom Westen gelieferten Waffen auf dem

 Schwarzmarkt landet. Der Waffenhandels-Experte Jonas Ohman von der litauischen Organisation Blue-Yellow urteilt, dass nur »30-40%, that's my estimation«, an der Front landen. Der Rest fließe ab auf den Schwarzmarkt.[34] So gelangten auch NATO-Waffen in die Hände der Hamas.[35]

Wenn sich Europa auf Geheiß der Vereinigten Staaten sowohl von Russland als auch von China abwendet, dann benötigt die EU-Wirtschaft dringend die Bodenschätze der Ukraine für Ihre Dekarbonisierungs-Strategie. Umgekehrt weisen westliche Studien darauf hin, Moskau strebe eine Art »Sperrkauf« an, um sein Monopol auf wichtige Bodenschätze zu behalten.

Inzwischen hat der Westen 12 Sanktionspakete gegen Russland verhängt. Die wichtigsten Sanktionen sind: erstens der Ölpreis-Deckel bei 50 Dollar; zweitens der Ausschluss Russlands aus dem internationalen Banken-Zahlungssystem SWIFT; drittens der Versuch, russische Auslandsguthaben in Höhe von bis zu 300 Mrd. Dollar zu beschlagnahmen und der Ukraine zuzuführen.

Die Wirkung dieser Sanktionen ist bestenfalls bescheiden. Russisches Öl und Gas werden weiter zu Marktpreisen gehandelt. Abgerechnet wird zunehmend in Landeswährungen und nicht mehr in Dollar, der Aufbau eigener Zahlungssysteme ist in vollem Gange. Putin hat angekündigt, dass er auf die Beschlagnahme russischer Auslandsvermögen mit der Beschlagnahme europäischer Vermögen in Russland antworten wird. Denn das muss man wissen: Der größte Teil der russischen Assets liegt in Europa, nicht in den USA. Eine Beschlagnahme russischer Auslandsvermögen würde also das Vertrauen in die Anlagensicherheit europäischer Banken nachhaltig schwächen und zum Abzug von Kapitalanlagen führen. Die Crédit Suisse kann davon ein Lied singen.

Russland zeigt sich wirtschaftlich als äußerst robust.[36] Seine Wirtschaft wächst, während Deutschland einen Prozess der De-Industrialisierung und des ökonomischen

Niedergangs erlebt. Die russische Führung hat jahrelang an der Entwicklung wirtschaftlicher Resilienz gearbeitet; die Sanktionen werden so zum Bumerang, vor allem für Deutschland. Berlin begeht ökonomischen Selbstmord. Die Energiepreise sind nicht wettbewerbsfähig. Dazu kommt die einseitige Abhängigkeit von US-Fracking-Gas. Industrien wandern in die USA, nach China oder Mittelasien ab. Arbeitsplätze gehen verloren. Die Teuerung bleibt hoch.

Deutschland befindet sich in ökonomischer Agonie. Die Bundesregierung hat die möglichen Folgen der Sanktionen nicht einmal evaluiert. Die Regierenden, allesamt übereifrige Transatlantiker, scheint das nicht zu stören. Es ist keineswegs gelungen, Russland zu isolieren. Der European Council on Foreign Relations legte eine Studie vor: »United West, divided from the Rest.«[37] Die Sanktionen wirken nicht, weil die russische Wirtschaft sich unabhängig gemacht hat von Westprodukten, China schließt die Technologie-Lücke, der asiatische Markt steht Russland für Exporte von Öl und Gas weiter offen. Nur 37 Staaten folgen dem Westen auf seinem Sanktionskurs. Die restlichen fast 150 arbeiten weiter mit Russland zusammen.

In Brüssel hat die Bundesregierung eine weitere Finanzhilfe von 50 Mrd. Euro durchgeboxt, wovon 12 Mrd. der deutsche Steuerzahler berappen muss. Sie mahnt weiter Aufstockungen bei den Waffenlieferungen an. Damit soll der finanzielle Rückzug der USA ausgeglichen werden. Während die Infrastruktur zerfällt und die Bevölkerung verarmt, sind seit dem Putsch auf dem Maidan 2014 die deutschen Militärausgaben fast verdreifacht worden.[38]

Zugleich drängt Washington darauf, die Ukraine in die EU aufzunehmen. Dann gelingt es den USA, die Kosten des Krieges bei den Europäern abzuladen. Denn bei den Waffenlieferungen machen die USA »land and lease«: Geliehen wird jetzt, bezahlt wird später – dann wohl auch vom europäischen Steuerzahler. Die Kriegszerstörungen werden auf einen hohen dreistelligen Milliarden-Betrag geschätzt, ebenso die Kosten des Wiederaufbaus.

Die ukrainischen Schulden werden künftig vom Finanz-Investor BlackRock gemanagt. Damit fällt die Ukraine als weltweit erstes Land in die Hände einer Heuschrecke. BlackRock und JP Morgan haben die Ukraine Reconstruction Bank gegründet und managen die Schulden des Landes. Auf diesem Wege wird der Staat Ukraine faktisch privatisiert.[39] Nicht nur der Krieg bringt Profite, sondern auch an den Kriegszerstörungen und am Wiederaufbau lässt sich verdienen.

Eine streng vertrauliche Studie der London School of Economics, von der Bundesregierung in Auftrag gegeben, weist Deutschland die Rolle des Technologielieferanten zu. Der Staat sichert die Investitionen ab, Unternehmen sollen Kiew zu einem »neuen Singapur« machen.[40] Der deutsche Steuerzahler soll die Risiken für die Verlagerung der Produktion ins Niedriglohnland Ukraine tragen, während Arbeitsplätze hierzulande verloren gehen – Deindustrialisierung 2.0.

Der Verlierer des Wirtschaftskrieges ist Europa, und der größte Verlierer, das ist jetzt schon klar, heißt Deutschland. Doch die pro-amerikanischen Eliten machen immer weiter. In absehbarer Zeit wird es nicht nur heißen: Wir müssen wieder »kriegstüchtig« werden, sondern: »Die Deutschen an die Front!« Das wirkt sich unmittelbar auf die medialen Narrative aus. Das Primat der Propaganda führt direkt in den Realitätsverlust der Medien.

Der Propagandakrieg

Je weiter die russischen Truppen vorrücken, je mehr Europa wirtschaftlich zurückfällt, desto aggressiver wird die Propaganda, desto stärker schalten die ideologischen Apparate – und damit auch die Kriegstreiber in den Medien – auf Trommelfeuer. Empirische Studien belegen: Die westlichen Nachrichtenmedien gehen davon aus, dass Russlands imperiale Ambitionen und Wladimir Putins ruchloser Charakter den Krieg in der Ukraine verursacht haben. Die Osterweiterung der NATO wird in den Hintergrund gedrängt. Dies steht im Widerspruch zu den historischen Fakten und führt zu einer Marginalisierung nicht-militärischer Konfliktlösungen.[41]

Als Beleg kann hier die Inhaltsanalyse der deutschsprachigen Medienberichterstattung zum Ukraine-Krieg von Harald Welzer und Leo Keller herangezogen werden. Sie schreiben: »Politischer Journalismus scheint zu einer Form des freiwilligen Embedded-Journalismus geworden.« Auf der Basis einer Untersuchung von 107.000 Texten der Berichterstattung der acht Leitmedien *FAZ*, *Süddeutsche Zeitung*, *Bild*, *Spiegel*, *Zeit*, *ARD Tagesschau*, *ZDF heute*, *RTL Aktuell* und der Analyse von 13,5 Mio. Twitter-Beiträgen kommen sie zu dem Ergebnis, dass der mediale Diskurs die Meinungs- und Diskurslandschaft der Bevölkerung nicht spiegelt. Sie erkennen ein informationelles Gefälle zwischen veröffentlichter und öffentlicher Meinung und den Anspruch im politischen Journalismus, die politische Debatte über die Frage von Krieg und Frieden leiten zu wollen. Damit maße sich der Journalismus eine Rolle an, die ihm demokratietheoretisch nicht zukomme: »von der kritischen Berichterstattung und Kommentierung hin zum politischen Aktivismus, von der Kontrolle zur Beeinflussung.« Damit können die untersuchten Medien als Propaganda-Presse bezeichnet werden.

Die Berichterstattung zu einem global wirksamen Ereignis wie dem Ukrainekrieg falle in Deutschland unfassbar provinziell und geradezu fahrlässig monoperspektivisch aus. Dazu passe, dass als Quellen oft der britische Geheimdienst oder ukrainische Stellen genannt würden. Auslandsberichte würden überwiegend an deutschen Schreibtischen geschrieben: »Umso problematischer erscheint gerade im Zusammenhang einer Krise, in der es buchstäblich um Leben und Tod und um erhebliche Eskalationsrisiken geht, die freiwillige und intentionale Selbstbeschränkung der Leitmedien auf die Erzählung einer Geschichte, die sie selbst zwar mit Wohlgefallen hören, die aber das Geschehen nicht entfernt in seiner ganzen Komplexität und Widersprüchlichkeit adressiert. Schlimmer noch: Abweichende Lesarten und Versuche, den beschränkten Diskurs zu erweitern, werden oft unisono mit einer geradezu schäumenden Diskreditierung belegt... An der seit Kriegsbeginn stattfindenden normativen Umformatierung zentraler gesellschaftlicher Ziele und zivilisatorischer Minima – von Frieden auf Rüstung, von Klimapolitik auf Verteidigungspolitik, von diplomatischen Konfliktlösungsstrategien auf militärische – hat der politische Journalismus ... jedenfalls einen guten Anteil. Bleibt zu hoffen, dass die große Eskalation eines entgrenzten Kriegs oder eines Atomkriegs auch dann ausbleibt, wenn so viele ihre Aufgabe darin zu sehen scheinen, sie herbeizuschreiben.«[42]

Darin zeigt sich: Die Medien sind nicht neutrale Beobachter. Sie haben eine Systemfunktion. Diese Funktion ordnet sich der Staatsräson unter. Das ist im Übrigen in Russland nicht anders, aber das macht es nicht besser. Wie Medien im digitalen Kapitalismus funktionieren und wie sie mit der militärischen und ökonomischen Ebene des Krieges interferieren, will ich erläutern.

Die Entstehung solcher Informations-Kartelle und der Realitätsverlust der Medien sind nicht allein das Werk fanatisierter Schreibtischtäter; sie sind dem Mediensystem selbst inhärent. Darauf haben Noam Chomsky und Edward Hermann hingewiesen.[43] Die Entstehung von Info-Kartellen ist nicht nur eine Frage der Propaganda, sondern auch der Wirtschaftsverfassung. Dabei spielen ökonomische, soziologische, psychologische, politische und mediale Faktoren eine Rolle.

In den westlichen Vororten von Donezk, Ende September 2022: »*Wir erreichen den ersten Bunker. Unter einem Tarnnetz steht ein alter 120-mm-Mörser. Ganz in der Nähe pfeifen Granaten vorbei. Zwei Soldaten mit Unterhemd und Stirnband kommen aus einem Unterstand. »Seid Ihr wahnsinnig? Da vorne ist die Front. Hier gibt es keine Zivilisten mehr. Seht zu, dass Ihr verschwindet, das Feuer hat eben erst aufgehört!« Wir drehen um Richtung Vorstadt. Hinter uns steigen zwei Soldaten aus einem Lieferwagen, schnappen sich ihre Sturmgewehre und machen sich zu Fuß auf zur Hauptkampflinie. Ein paar hundert Meter weiter wischt eine Frau die Fensterbank. In der grauen Zone leben die Menschen auf Du und Du mit dem Tod.*«[44]

Die russische Koalition hat – genauso wie die ukrainische Seite an vielen Frontabschnitten – inzwischen die Linien massiv verbunkert und befestigt. Der Krieg ist zu einem Stellungskrieg geworden. Jede Offensive ohne massive Luft- und Artillerieüberlegenheit kostet viel Blut.

Beim Besuch von Annalena Baerbock Anfang September in Kiew sichert der mitreisende Leiter des Sonderstabs Ukraine im Verteidigungsministerium, Brigadegeneral Dr. Christian Freuding bei einer Diskussion der Moderatorin Anne Applebaum zu: »Wir wollen die territoriale Integrität der Ukraine wiederherstellen.« – »In den Grenzen des Jahres 1991?« – »Exakt.«[45] Dies wird von den Medien ohne Einordnung transportiert. Der Economist behauptet am 16. August 2023, zweieinhalb Monate nach Beginn der ukrainischen Offensive am 4. Juni 2023: »Die ukrainische Gegenoffensive macht langsam Fortschritte: Nach zehn Wochen findet die Armee heraus, was funktioniert.«[46] Der *Tagesspiegel* am 21. September: »Vorstoß an der Südfront. Ukraine überwindet ›Surowikin-Linie‹ offenbar erstmals mit schwerem Gerät.«[47] Das entspricht aber nicht der realen Lage an der Front. Der Wunsch ist Vater des Gedankens.

Nach fast einem halben Jahr der ukrainischen Gegenoffensive sind kaum Gebietsgewinne zu verzeichnen. Auf der Karte lässt sich das gut nachvollziehen. Nirgendwo ist es den ukrainischen Truppen gelungen, den ersten von drei Sperrgürteln zu durchbrechen. Die Verluste auf der ukrainischen Seite sind massiv. Die Gründe: Die russischc Allianz praktiziert keine Vorne-Verteidigung. Sie hat Minenfelder, Panzersperren, Bunker tief gestaffelt. Dazu gibt es mobile Einheiten von Elitesoldaten, die an Brennpunkten verstärken. Ihre Artillerie-Überlegenheit liegt bei 5:1 bis 10:1. Mit Kampfbombern, Hubschraubern und Drohnen haben sie die Lufthoheit. Schon in den ersten Wochen der Offensive haben die Ukrainer 20 % ihrer Waffen, einschließlich deutscher Leopard-Panzer, verloren. Ein ukrainischer Soldat: »Sie haben schon auf uns gewartet. Überall ausgebaute Stellungen. Es war wie eine Wand aus Stahl. Es war schrecklich.«[48]

Experten sprechen von einem kolossalen Scheitern der Gegenoffensive, enormen ukrainischen Verlusten, dass es nie eine Chance gegeben habe, die russische Armee zu besiegen und die gesteckten Ziele zu erreichen.[49] Seymour Hersh zitiert einen CIA-Mitarbeiter: »Der Krieg ist vorbei. Russland hat gewonnen. Es gibt keine ukrainische Offensive mehr, aber das Weiße Haus und die US-amerikanischen Medien müssen die Lüge aufrechterhalten. Die Wahrheit ist, dass die ukrainische Armee meutern würde, wenn man ihr befehlen würde, die Offensive fortzusetzen. Die Soldaten sind nicht mehr bereit zu sterben, aber das passt nicht zu dem Blödsinn, den das Weiße Haus unter Biden verfasst.«[50]

Im Februar 2024 ist Avdiivka gefallen. Der Rückzug der ukrainischen Truppen verlief chaotisch.[51] Die

300 Verwundeten wurden zurückgelassen, die Russen nahmen 850–1.000 Ukrainer gefangen. Die westliche Presse bestätigte damit die zuvor von russischer Seite genannten Zahlen. Der russische Generalstab bezifferte die Zahl der ukrainischen Verluste mit 2.400 allein am 17. und 18. Februar, also an zwei Tagen. US-Militäranalysten gehen von 30.000–60.000 Mann Gesamtverlusten aus und schätzen die russischen Verluste auf 2.000–4.000 Mann.[52] Auf der ganzen Frontlinie erhöht die russische Armee den Druck. Im Norden massiert sie starke Kräfte. Je länger der Krieg dauert, umso mehr neigt sich das Geschehen zugunsten Russlands.

Die Ukraine hat also keine Chance mehr, den Krieg zu gewinnen. Damit ist es der NATO auch nicht gelungen, Russland entscheidend zu schwächen, im Gegenteil: Wirtschaftlich und militärisch ist Russland stärker als vor Kriegsbeginn. Der Westen ist mit der Boykottierung der Friedensverhandlungen im März 2022 und der Verlängerung des Krieges in eine selbstgestellte Falle geraten. Kein seriöser militärischer Führer hat die These aufgestellt, dass die Ukraine gegen Russland gewinnen kann, obwohl Kiew und die US-Regierung das ständig beteuert haben. Die Medien thematisieren das nicht. Der frühere Generalinspekteur der Bundeswehr, General Harald Kujat:

»Die Ursachen der verzerrten Darstellung der Realität sind die unreflektierte Übernahme von Desinformation, sind vor allem Inkompetenz und ideologische Verblendung. Als ich Anfang November auf die kritische personelle Lage der ukrainischen Streitkräfte hinwies und erklärte, dass das strategische Ziel der Offensive nicht erreicht wurde, hat man dies wegen meiner angeblichen Unkenntnis des Ziels als Fehleinschätzung kritisiert. In Wahrheit war das Ziel, die russischen Streitkräfte von ihrer logistischen Drehscheibe Krim abzuschneiden, seit dem Herbst 2022 bekannt.«[53] Dass die Offensive gescheitert war, hatte der ukrainische Oberbefehlshaber General Saluschnyi bereits im Herbst in einem Beitrag in »The Economist« eingestanden – was zu seiner Ablösung führte.[54]

Doch die Presse in Deutschland folgt der NATO-Propaganda. Ohne die sozialen Medien und die Alternativpresse wüssten wir wenig über die tatsächliche Lage. In militärischer Perspektive zeigen die Journalisten einen beeindruckenden Realitätsverlust. Der Presse-Rummel um die sog. Gegenoffensive stellt Propaganda über Journalismus.

Moralisch-ethische Blindheit

Eine Momentaufnahme aus Donezk, Ende September 2022: *»Ein schwarzbraunes Etwas zieht sich über den dreckigen Asphalt. Die Blutspur auf der Ulitza Shaposhnikova ist inzwischen trocken; und doch machen Passanten einen Bogen, wie aus Respekt vor den Toten. An der Ecke im Bezirk Kuibyschewsky liegen Blumen auf dem Boden, brennende Kerzen im Glas, eine Vase mit einem Strauß, dazwischen das Foto eines kleinen Mädchens. Ein Kinderleben, verweht. Am Bakyns'kykh Komisariv Ploshchad schlugen ein paar Tage zuvor ukrainische Granaten ein, mitten im Feierabendverkehr, auf der Ulitza Vasnetsov und in einem gutbesuchten Supermarkt »Hier sehen Sie die Folgen«, sagt Jewgenij Khatsko. »13 Menschen sind gestorben, darunter zwei Kinder. Die Richtkanoniere peilen diese Ziele an, und sie wissen, dass es keine militärischen Ziele sind. Es gibt dafür nur eine Erklärung: Sie wollen die Menschen im Donbass vernichten.«*[55]

Der Krieg hat hier bereits im März 2014 begonnen, nicht erst mit dem russischen Angriff. Dabei wird seit Jahren auch international geächtete Streumunition eingesetzt, beispielsweise Schmetterlingsminen, die in Kartuschen zu 20 Stück mit Granaten und Raketen verschossen werden und sich über eine große Fläche verbreiten. Es ist seither auch ein Krieg gegen die Zivilbevölkerung.

Wenn eine Himars-Rakete einschlägt, dann entsteht in einem Radius von 25 Metern eine Temperatur von 1.400 Grad. Wer dort steht, verglüht sofort. Der DNR-Offizier Jewgenij Khatsko, mit dem wir an der Front waren und den ich interviewt hatte, wurde Tage später Opfer eines Himars-Beschusses nahe Donezk. Es blieb buchstäblich nichts von ihm übrig, man hat einen Sarg beerdigt mit ein paar zusammengesuchten menschlichen Überresten. Die russischen Toss-Raketenwerfer haben eine ähnlich vernichtende Wirkung. Das erklärt die hohen Verluste an der Front. Die durchschnittliche Überlebenszeit eines Infanteristen an der Front beträgt oft nur wenige Tage.

Anfang September 2023 gingen Schätzungen, die sich auf die Zahl der stillgelegten SIM-Karten von Mobilfunkbetreibern stützen, von etwa 400.000 getöteten ukrainischen Soldaten aus.[56] Der Militär-Analyst und frühere US-Waffeninspektor Scott Ritter weist darauf hin, dass die Ukraine 60.000 Soldaten für die Gegenoffensive mobilisiert habe, von denen bis Mitte Juli 2023 schon 20.000 gefallen sind, während die russische Armee 200.000 frisch ausgebildete Kräfte für eine Sommer-Offensive gegen Charkiw und Odessa habe: »*Es gibt kein Szenario, in dem die Ukraine gewinnt. Sie haben keine ausgebildeten Truppen mehr. Die Zahl der Opfer ist erschreckend. Länder, die die Ukraine unterstützen, sind für den Tod Hunderttausender Männer verantwortlich.*«[57]

Die Chefredakteurin der britischen Zeitschrift »The Economist« Zanny Minton Beddoes erklärte am 12. Februar 2024: »*Offen gesagt ist die Unterstützung und Finanzierung der Ukraine für die USA der billigste Weg, ihre Sicherheit zu stärken. Das steht fest! Die Ukrainer kämpfen und sie sind es auch, die sterben. Und die USA und Europa schicken nur Waffen. Und so wehren wir uns gegen Putin.*«[58] Zanny Minton Beddoes fungiert als Herausgeberin von »*Die Zeit*«, hat einen guten Draht zum ukrainischen Präsidenten Selenskij, moderierte im September 2023 bei der Konferenz »*The European Yalta Strategie*«. Sie ist eine der zentralen Figuren im Ukraine-Lobbynetzwerk des Westens.

Dies ist nicht das einzige Mal, dass Vertreter des Westens ihr wahres Interesse so offen zeigen. US-Senator Lindsey Graham bei einem Besuch in Kiew: »*Wir haben nicht einen einzigen Soldaten verloren. Wir haben die Kampfkraft der russischen Armee um 50 Prozent reduziert, und keiner von uns ist dabei gestorben. Das ist ein gutes Geschäft für Amerika.*«[59] Der mexikanische Präsident Andrés Manuel López Obrador resümiert scharfsinnig die Ukraine-Politik von NATO und Europäischer Union: »*Wir liefern die Waffen, Ihr liefert die Leichen. Das ist unmoralisch.*«[60]

Anfang 2023 berichtete ein ehemaliger US-amerikanischer Söldner, der auf ukrainischer Seite kämpfte, dass die Lebenserwartung eines Soldaten an der Front während der Kämpfe um Bachmut bei etwa vier Stunden lag.[61] Im März berichtete der Kommandeur der 46. ukrainischen Fallschirmjägerbrigade der Washington Post, dass er der einzige Überlebende seiner Einheit sei und diese nun mit Wehrpflichtigen ohne Kampferfahrung aufgefüllt würde. Drei Tage später wurde er abgelöst.[62] Ebenfalls im März erklärte ein ukrainischer Offizier, dass seine Kräfte ein bis zwei Kompanien pro Tag und ein halbes Bataillon pro Woche verlieren.[63] Am 17. Juli 2023 enthüllte der bekannte ukrainische Journalist Roman Revedjuk auf Facebook, dass die ukrainische Armee mehr als 310.000 tote Soldaten verzeichnet.[64] Die oppositionelle russische Seite Mediazona zählte wenige Tage später 285.000 tote ukrainische und 28.652 tote russische Soldaten.[65] Die Differenz erklärt sich aus der massiven Artillerie-Überlegenheit der Russen.

Die tatsächlichen Zahlen bleiben auf beiden Seiten geheim. Auch über die zivilen Opfer werden keine

Angaben gemacht. Doch über die vielen Kriegstoten berichtet die Presse genauso selten wie über das menschliche Leid. Dass eingehende Recherchen hierzu vermieden werden, macht die Presse selbst zur Kriegspartei. Denn die Veröffentlichung der Verluste könnte die Kriegsbegeisterung im Westen deutlich schwächen. Auf diese Weise tragen die Medien zur Verlängerung des Krieges, zur weiteren Zerstörung der Ukraine und zum Tod tausender Menschen bei.

Damit verhält sich die Presse selbst unmoralisch. Der britische Historiker Lord Robert Skidelsky hat deutlich gemacht: *»Wir helfen der Ukraine nicht, wenn wir weiter einen Krieg unterstützen, den sie nicht gewinnen kann.«*[66] Stephen M. Walt, Professor für internationale Beziehungen in Harvard, erinnert daran, dass jede weitere Unterstützung der Ukraine zur Zerstörung des Landes führt und deshalb moralisch fragwürdig ist: *»Das moralische Argument für die Bemühungen um Frieden gründet auf der Erkenntnis, dass der Krieg das Land zerstört und je länger er dauert, desto umfangreicher und nachhaltiger wird der Schaden sein.«*[67]

1983 hat der Philosoph Peter Sloterdijk vom *»Informations-Zynismus«* gesprochen.[68] Gerade hier findet er sich. Aber dieser Informations-Zynismus hat einen Grund. Der Militär-Analyst Jacques Baud schreibt: *»Unsere Medien lügen nicht nur uns an, sondern auch die Ukrainer selbst. Von allen europäischen Medien, die ich für meine Bücher zu Rate zog, hat kein einziges Organ auch nur versucht, objektive Informationen über diesen Konflikt zur Verfügung zu stellen… Unsere Medien leben vom Blut der anderen. Deshalb ist es logisch – wenn auch nicht akzeptabel – dass sie alles daransetzen, Öl ins Feuer zu gießen, statt es zu löschen.«*[69] Das bedeutet: Für die westlichen Medien sind die Ukrainer lediglich Kanonenfutter beim Versuch, Russland zu schwächen und in Moskau einen Regimewechsel zu erzwingen.[70] Deshalb wurde auch nicht über die zivilen

Opfer der ukrainischen Armee im Donbass berichtet. Dies zeigt, so Jacques Baud, »*dass wir die Menschen im Donbass als ›Untermenschen‹ betrachtet haben, die es nicht verdienen, ein normales Leben zu führen. Deshalb berichten unsere Medien nie über die zivilen Opfer...*«[71] Die moralisch-ethische Blindheit der Medien zeigt sich in diesem Medien-Zynismus.

Kausalitäts-Blindheit

Dmitrij Wasiletz, ein Oppositioneller, der in der Ukraine zwei Jahre und drei Monate im Gefängnis saß, berichtet von Begegnungen bei den Maidan-Protesten im Winter 2013/2014:

»Sie sagten: ›Wir sind auf den Maidan gekommen, bleiben zwei Wochen, dann werden wir ausgetauscht, nach zwei weiteren Wochen kommen wir wieder zu den Protesten.‹ Die wichtigste Aufgabe dieser Leute war, den Maidan in den sozialen Medien zu präsentieren. Damit der Eindruck entsteht, die Demonstranten verträten das gesamte ukrainische Volk. Aber faktisch waren das Mitarbeiter von NGOs, die vom Westen und von westlichen Botschaften bezahlt wurden, bis hin zu den Schreibtischtätern, die Bilder von den Protesten gepostet haben. Wie auf Befehl waren alle NGOs, die in der Ukraine mit dem Geld aus den USA und anderen Ländern finanziert worden sind, nach Kiew gekommen. Wie später herauskam, gab es nicht hunderte, sondern tausende solcher Organisationen. Jede bestand aus jungen Leuten, jede hatte Mitarbeiter, die in einer militärisch straffen Rotation auf dem Maidan zwei Wochen gelebt haben und dann ausgetauscht wurden. Ihre Hauptaufgabe war, von früh bis spät auf dem Maidan zu sein. Damals schon hat vieles darauf hingedeutet: Dies ist kein Volksaufstand, sondern das Volk wurde benutzt.«[72]

Die Augenzeugen, mit denen ich sprechen konnte, haben gesehen: Kamerateams, die jeden wegschickten, der sich nicht zustimmend zu den Protesten äußerte; Sicherheitskräfte, die von Oligarchen bezahlt wurden; scharfe Selektion an der Bühne; vom Westen bezahlte Nicht-Regierungs-Organisationen, die Winterkleidung, Zelte, Heizkörper heranschafften; polnische und litauische Diplomaten, die Geld an Demonstranten verteilten; Westukrainer, die im Raum Lwiw angeheuert und im 14-tägigen Wechsel auf den Platz gekarrt wurden; die Open Society Foundations des US-Milliardärs George Soros, die gekauften Demonstranten für zwei Wochen mehr bezahlten, als sie in vier Wochen in der Westukraine verdienen konnten; Tech-Camps, bei denen Vertreter der US-Botschaft in Kiew Aktivisten beibrachten, wie man für Proteste mobilisiert. Dies alles lässt sich aus öffentlich zugänglichen Quellen zusammentragen. Deshalb sehe ich hier den Unwillen, im Weg der Recherche den Dingen auf den Grund zu gehen. Dann nämlich hätte man herausgefunden, dass seit Ende November 2013 Tag für Tag mehrere hundert bewaffnete Ultranationalisten aus den Gebieten Lwiw, Volyn und Ternopil nach Kiew befördert wurden. Aus den geplünderten Militär- und Polizeidepots im Westen, vor allem in Lwiw, Ternopil und Iwano-Frankiwsk, stammten *»massive Mengen an Waffen…, die später in den Zusammenstößen mit der Polizei in Kiew zum Einsatz kamen.«*[73]

Die Frage, wer nun auf dem Maidan geschossen hat, wird hier zum Kipp-Punkt. Ein Beitrag im ARD-Magazin »Monitor« vom 10. April 2014 führt den Indizienbeweis, dass die tödlichen Schüsse auf dem Maidan aus Gebäuden kamen, die der »Rechte Sektor« besetzt hielt. Danach kam nicht mehr viel.[74]

Über die zentrale Studie von Ivan Katchanovski von der Universität Ottawa wurde in deutschen Medien fast gar nicht mehr berichtet. In einer detaillierten Analyse kommt er zu dem Ergebnis, dass *»das Massaker eine Operation* *unter falscher Flagge war, die wohlüberlegt, geplant und ausgeführt wurde mit dem Ziel, die Regierung zu stürzen und die Macht zu übernehmen.«* Katchanovskis Untersuchung fand »*eine Reihe von Beweisen für die Einbindung einer Allianz rechtsextremer Organisationen, speziell des Rechten Sektors und von Svoboda, sowie oligarchischer Parteien wie Vaterland. Versteckte Schützen und ihre Spotter wurden in mindestens 20 vom Maidan kontrollierten Gebäuden bzw. Bereichen festgestellt.«*[75] Auf der Basis genauer Beweise kommt Katchanovski zu dem Ergebnis, dass mit den Morden beabsichtigt wurde, v. a. in den USA und Polen Unterstützung für die Revolte zu mobilisieren.[76]

Während dieser Zeit standen die militanten Kräfte durchgehend in Kontakt zu Vertretern der EU und der Vereinigten Staaten. Bevor sie auf dem Maidan im Hotel Ukraina Position bezogen, trafen sich drei georgische Scharfschützen, unter anderem mit einem ehemaligen US-Soldaten in Uniform von der 101. Airborne Division der US Army namens Brian Christopher Boyenger, der als Instrukteur mitwirkte. Gleichzeitig war US-Botschafter Geoffrey Pyatt in ständigem Kontakt mit dem Faschistenführer Andrij Parubij, der von Boyenger wusste. Deshalb war auch der US-Botschafter sehr wahrscheinlich informiert. Der kanadische Menschenrechtsanwalt Christopher Black sieht darin den Beleg, dass die Maidan-Massaker eine militärische Operation gewesen sind, an der auch der NATO nahestehende Kräfte beteiligt waren und die von US- und NATO-Kräften geplant und organisiert wurde.

Diese Informationen stammen aus fachlich fundierten Quellen und sind systematischer Recherche zugänglich gewesen. Allerdings blieben sie in den Mainstream-Medien unerwähnt. Dies zeigt: Die größte Gestaltungsmacht von Medien liegt nicht nur im »Agenda Setting«, sondern auch und gerade im »Agenda Cutting«. Die Deutungsmacht der journalistischen Gatekeeper wird hier zum »Lügen durch Weglassen«. Dieses »Framing« bedeutet, dass durch sprachliche und bildliche Mittel das Narrativ, also der Bedeutungsinhalt, auf den Kopf gestellt wird. Aus dem Putsch ultranationalistischer Kräfte im Bunde mit NATO und EU wird eine demokratische Revolution gemacht. Es ging also darum, vorherrschende Deutungsmuster gezielt zu aktivieren und störende Fakten zu eskamotieren. Dieses »strategische Framing«[77] wirkt wie eine gezielte Irreführung der Öffentlichkeit. Der Realitätsverlust der Öffentlichkeit wurde also bewusst herbeigeführt.

Soziale Blindheit

Ein Blick zurück auf die Zeit unmittelbar vor dem Krieg. September 2021: *»Mit seinem alten Sprinter holt mich Wasja in Lwiw am Flughafen ab. Den Wagen hat er ausgebaut zu einer Art Wohnmobil für sechs Personen. Er stellt Bautrupps zusammen, erzählt Wasja, dann fahren sie zu sechst bis Moskau oder Frankfurt am Main und ziehen als Schwarzarbeiter Gebäude hoch. In einem Vorort der russischen Hauptstadt haben sie einen Supermarkt gebaut. Das Gebäude ist fertig, so Wasja, doch der Bauträger ist angeblich bankrott, und so hat ihn ein Halsabschneider um den Lohn betrogen. Jetzt sitzt er auf einem Problem: Es geht um 25.000 Dollar, und Wasja braucht das Geld, um seinen Bautrupp auszubezahlen. Doch einklagen kann er den Lohn nicht – alles illegal, man einigt sich am Mobiltelefon, auf der Baustelle ein Handschlag, dann geht es los.«*[78] *(115)*

Wasja gehörte 2021 zu den drei Millionen Ukrainern, die vor Kriegsbeginn als Arbeitsmigranten mehrmals im Jahr ins Ausland pendeln. Dazu kommen noch einmal zwei Millionen Ukrainerinnen und Ukrainer, die dauerhaft im Ausland arbeiten. Bereits bis Ende der 1990er Jahre wanderten mehrere hunderttausend Ukrainer nach Russland aus. Dort waren damals zwar die Löhne auch nicht viel höher, aber die Verwestlichung des Lebensstils und die

 Verteuerung der Lebenshaltungskosten für Nahrung, Mieten, Gesundheit und staatliche Dienstleistungen schlugen nicht so durch. Bereits vor Kriegsbeginn verdingten sich allein zwei Millionen Ukrainer in Polen – als Putzhilfen, Maurer, LKW-Fahrer, Haushaltshilfen, Kellner, Altenbetreuer, also vor allem in schlecht bezahlten Jobs. In Polen blühen auch die Geschäfte der Vermittlungsagenturen. Die deklarieren Ukrainer zu polnischen Staatsangehörigen und vermitteln sie als häusliche Pflegekräfte in die Schweiz und nach Deutschland.

Die Bezahlung solcher Jobs ist immer noch viel besser als in ihrer Heimat, wo der Mindestlohn bei seiner Einführung 2015 ganze 34 Cent pro Stunde betrug. Bis 2021 wurde er dreimal erhöht und lag bei 1,21 Euro. Allerdings erhält beispielsweise ein Drittel der meist weiblichen Beschäftigten der Textil- und Lederindustrie ihren Lohn nur nur durch die Ableistung von Überstunden.[79]

Die Ukraine war einst ein Zentrum industrieller Produktion in der Sowjetunion. Nach der Selbständigkeit rissen sich Oligarchen die Firmen unter den Nagel, zogen hohe Gewinne heraus und investierten wenig bis gar nichts. Für westliche Unternehmen standen Millionen gut ausgebildeter Arbeitnehmerinnen und Arbeitnehmer zu Niedriglöhnen bereit. Tausende Unternehmen aus der Europäischen Union und den Vereinigten Staaten vergaben Zuliefer-Aufträge. Zu den etwa 2.000 deutschen Firmen gehören Pharma-Konzerne wie Bayer, BASF, Henkel, Ratiopharm und Wella. Automobilunternehmen wie Porsche, VW, BMW, Schaeffler, Bosch und Leoni lassen einfachere Teile wie etwa Kabelbäume fertigen. ArcelorMittal, Siemens, Demag, Vaillant und Viessmann unterhalten Montage- und Verkaufsfilialen. Diese Unternehmen zahlen Stundenlöhne von zwei bis drei Euro und liegen damit deutlich über dem örtlichen Mindestlohn, aber produzieren zu günstigeren Lohnkosten als in den angrenzenden EU-Staaten.[80]

Auch deshalb schrumpft die Bevölkerung der Ukraine. Von 52 Millionen im Jahr 1992 ging die Zahl der Ukrainer auf knapp 37 Millionen im Jahr 2020 zurück, dazu kommen noch einmal ungefähr drei Millionen Einwohner im Donbass, in Luhansk und auf der Krim. Die Abwanderung geht weiter, und eine Zu- oder Rückwanderung, die diese Entwicklung ausgleichen könnte, existiert nicht. Durch den Krieg beschleunigte sich der Schrumpfungsprozess dramatisch: Bis September 2022 gingen mehr als sechseinhalb Millionen Menschen ins Ausland. Die meisten davon hat die Russische Föderation aufgenommen.

Seit dem russischen Einmarsch hat sich die demographische Situation in der Ukraine weiter verschlechtert. Dies ist der großen Zahl von Kriegstoten und Flüchtlingen geschuldet. Seriöse Demographen schätzten den Bevölkerungs-Rückgang bis August 2023 auf weniger als 30 Millionen.[81] Je länger der Krieg dauert, desto mehr Kriegsopfer sind zu beklagen, desto größer ist der Zerstörungsgrad. Dies wiederum hält Flüchtlinge davon ab, in die Ukraine zurückzukehren. Eine demographische Studie Europas geht davon aus, dass im Jahr 2040 die Bevölkerungszahl im arbeitsfähigen Alter um ein Drittel gegenüber ihrer Zahl im Jahr 2023 abnimmt. Die Zahl der Kinder werde sich gegenüber der Vorkriegszahl halbieren.[82] Mit dem demographischen droht auch ein dramatischer wirtschaftlicher Niedergang.

Davon lesen wir wenig in unseren Zeitungen. Die Mainstream-Medien zeigen erstaunliche Ignoranz gegenüber den sozialen Missständen in der Ukraine. Sie sind sozial blind. Damit blenden sie die Lebenswirklichkeit der Menschen aus. Die Propaganda, für deren Verbreitung Medien mitverantwortlich sind, will uns weismachen, dass im Krieg in der Ukraine unsere Werte verteidigt werden. In Wirklichkeit rechtfertigen sie die Kumpanei mit einem Regime, in dem genau diese Werte mit Füßen getreten werden.

Ende September 2022 stehe ich vor einem Wahllokal in einer Schule in der Stadt Luhansk. Der Kreml lässt in den besetzten Gebieten über den Anschluss an Russland abstimmen. Es sind die Referenden, die hier in Deutschland nur »Scheinreferenden« genannt werden dürfen. Hinter dem Wahllokal komme ich mit einem Mann meines Alters ins Gespräch: *»Haben Sie schon gewählt?« »Ja, ich habe gestern schon abgestimmt.« »War Ihnen das so wichtig?« »Diese Wahl ist für mich sehr wichtig, auch für meine Familie und für mein Land, die Republik Luhansk. Auf dieses Referendum haben wir acht Jahre lang gewartet. Die Menschen im Ausland sollen wissen, dass hier russische Menschen leben. Mit Russland verbindet uns praktisch alles: Politik, Wirtschaft, Religion und wir feiern dieselben Feste. Wir wollen nicht, dass diese enge Seelenverwandtschaft auseinandergerissen wird!« »Was versprechen Sie sich vom Wahlergebnis?« »Dass alles besser wird. Aber zuallererst muss dieser Krieg aufhören, damit unsere Soldaten von der Front zurückkehren. Auch die ukrainischen Soldaten können dann aus den Schützengräben steigen und heimkehren. Das wünschen sich doch alle. So ein Krieg bringt nichts Gutes, denn da sterben Menschen. In Luhansk und Donezk sterben auch Kinder, wie sie wissen. Deswegen will ich, dass der Krieg sehr schnell beendet wird. Und ich hoffe sehr auf Russland, politisch, wirtschaftlich, im Bildungsbereich, ich hoffe für mich, meine Kinder, meine Enkelkinder. Russland ist unser Land, wir kehren zurück in unseren Heimathafen. Und ich will Ihnen noch etwas sagen: Wir haben unsere Stimme abgegeben, ohne dass einer mit der Waffe in der Hand hinter uns stand. Uns hat niemand zur Wahlurne getrieben. Wir sind der Stimme unseres Herzens gefolgt!«*[83]

Diese Stimme steht für alle Stimmen, die ich an den Wahllokalen quer durch Luhansk, Donezk, Saporischschja und Cherson gehört habe. Meine Wahrnehmungen decken sich mit denen anderer Journalisten in der Region. Die Referenden werden den Maßstäben freier und geheimer Wahlen nicht gerecht, aber sie bilden recht genau die Stimmung in der Bevölkerung ab. Das Ergebnis: In der Luganskaya Narodnaya Respublika liegt die Teilnahme bei 98,6 %. Für den Anschluss an die Russische Föderation stimmen 98,42 %. In der Donetskaya Narodnaya Respublika stimmen 97,51 % der Wahlberechtigsten ab, davon 99,23 % für den Beitritt. Im Oblast Cherson wählen 76,86 % der Stimmberechtigten, 87,05 % stimmten für den Anschluss an Russland. Im Oblast Saporischschja beteiligen sich 85,4 % am Referendum, 93,11 % stimmen für den Beitritt.[84]

Diese Referenden an westlichen Maßstäben zu messen, wäre Unfug. Denn eine genauere Betrachtung sollte berücksichtigen, wie hoch in diesen Regionen die Zustimmung zu Viktor Yanukowitsch bei der Präsidentenwahl 2010 gewesen ist – etwa 90 %. Daneben darf man im Blick haben, wie die russische Volksgruppe seit dem Maidan 2014 behandelt wurde. Viele russische Ukrainer sind Richtung Osten geflohen; bis 2021 suchten etwa eine Million Menschen ihr Heil in Russland. Der Putsch auf dem Maidan hat das Land gespalten. Für den russischen Teil der Bevölkerung bedeutete er, dass sie niemals mehr allein mit dem Stimmzettel über ihr politisches und wirtschaftliches Schicksal in der Ostukraine bestimmen konnten. Das macht das Wahlergebnis plausibel.

Acht Jahre Bürgerkrieg haben die Menschen geprägt. Seit 2014 wurden im Bürgerkrieg im Donbass Zivilisten angegriffen. Mehr als 14.000 Menschen wurden nach UN-Angaben getötet, darunter fast 3.500 Zivilisten.[85] Ein Treppenwitz der Geschichte dürfte es wohl sein, dass die Ukraine genau durch ein solches Referendum am 1. Dezember 1991 von der Sowjetunion unabhängig wurde. Damals war es die Regierung in Kiew, die sich darüber hinweggesetzt hat, dass sich die Krim zuvor schon für einen Verbleib bei Russland entschieden hatte.[86]

Es sind genau diese Zusammenhänge, die in Deutschland nicht dargestellt werden. Stattdessen wird der Reporter vor Ort diskreditiert, weil nicht sein kann, was nicht sein darf. Meine Beobachtungen wurden als »Scheinobjektivität« denunziert, ausnahmslos von sachfremden Schreibtisch-Bewohnern. Entscheidend ist offenbar, dass die Realität im Donbass nicht in die deutschen Wohnzimmer gelangen darf. Dies könnte das Propaganda-Narrativ gefährden, dass die russisch besetzten Gebiete »befreit« werden müssten. Von jenen, die dies behaupten, habe ich vor Ort niemanden gesehen. Sollten sich deutsche Presse-Vertreter entschließen, ihre Erfahrungen im Kriegsgebiet zu vertiefen, werde ich sie nicht hindern. Einstweilen stelle ich auch mit Blick auf die Stimmung im Donbass fest: weitgehender Realitätsverlust.

Kulturelle Blindheit

Ein Erlebnis aus Khust am Rande der Karpaten aus der unmittelbaren Vorkriegszeit:

»*(Bauer) Milo hatte einmal einen Hirten namens Kolja. Das war im Sommer 2016. Er hat Rinder gehütet auf der Hochalm am Berg Blisnica, einem Gebirgszug von mehr als 1.800 Metern Höhe im Swidovec-Gebirge nördlich von Rakhiv. Er hat damals nach einem Job gefragt, weil er bei benachbarten Hirten wegen Unzuverlässigkeit rausgeflogen war, er war faul und immer besoffen, hatte einen kriminellen Bruder, dazu war er Halbblut, der Vater ein Russe, die Mutter Huzulin aus der Rakhiv-Region, der Alte lässt sie sitzen, da weiß man doch, was kommt. Aufgewachsen ist er bei seiner Großmutter, ein Waisenkind mit Spuren von Unterernährung aus der Zeit, als hier alles zusammengebrochen war… Er, Kolja, der selbst kein*

»reinrassiger« Ukrainer ist, sondern Kind einer Huzulin und eines Russen, der davongelaufen ist, kämpft nun mit der Waffe in der Hand für die Auslöschung der Russen und eine reinrassige Ukraine.«[87]

Die Westukraine war einmal ukrainisch, ungarisch, polnisch, österreichisch, russisch, deutsch, sowjetisch und wieder ukrainisch.[88] Joseph Roth nennt Lwiw 1924 eine Stadt der »verwischten Grenzen«. Die Kultur war vielsprachig und kosmopolitisch. Hier leuchtet ein, so Joseph Roth, dass es »gewiss nicht der Sinn der Welt ist, aus ›Nationen‹ zu bestehen und aus Vaterländern, die, selbst wenn sie wirklich nur ihre kulturelle Eigenart bewahren wollten, noch immer nicht das Recht hätten, auch nur ein einziges Menschenleben zu opfern«.[89]

Inzwischen werden in der Ukraine Denkmäler von Maxim-Gorki (Dnipro am 26. Dezember 2022), Katharina II. (Odessa, Ende Dezember), Alexander Puschkin (in Tscherniwzi) abgebaut. Allein im Jahr 2022 wurden landesweit 22 Puschkin-Denkmäler entfernt. In Kiew wurde der Wissenschaftler Michail Lomonossow vom Sockel geholt. Längst abgebaut sind Plastiken von Lenin, Statuen von sowjetischen Marschällen, in Mikolajiw ein Denkmal für sowjetische Matrosen, die 1944 die Stadt befreit hatten. Plätze und Straßen werden umbenannt: Der Lew-Tolstoi-Platz in Kiew heißt jetzt »Platz der ukrainischen Helden«. Ein liberaler Humanist wie Anton Tschechow ist aus den Spielplänen der Theater verschwunden. Die »russischen« Theater in Kiew, Odessa und Mikolajiw strichen auf Antrag der Beschäftigten das fatale Adjektiv aus dem Namen. Eine Kiewer Buchhandlung sammelte 57 Tonnen russischer Bücher aus privaten Beständen zum »Recycling« – vom Erlös für das Altpapier soll ein Geländewagen für die Armee gekauft werden. In der Stadt Luzk wird Tolstoi zu Klopapier verarbeitet. Anton Tschechow und Anna Achmatowa stehen auf dem Index, auch Nikolai Gogol und Michail Bulgakow, beide in der Ukraine geboren, sind betroffen. Die Regierung will den öffentlichen Raum »derussifizieren«, wie Kulturminister Olexander Tkatschenko sagte. Den Machthabern geht es darum, die Spuren der russischen Kultur aus dem Bewusstsein zu tilgen.[90]

Dies ist Teil eines umfassenden Geschichts-Revisionismus. Nach dem Machtwechsel auf dem Maidan wurden zahlreiche russische Kinofilme und Fernsehserien verboten. 2015 wurde in drei von vier zugelassenen Lehrbüchern für ukrainische Geschichte zur Judenvernichtung nicht einmal angedeutet, dass Ukrainer Mittäter waren. Von den Pogromen der militanten faschistischen »Ukrainischen Aufstands-Armee« UPA in Wolhynien 1943/44, denen mehr als 60.000 Polen zum Opfer fielen, findet sich kein Wort.[91]

Der Holodomor wird umdefiniert von einer Hungerkatastrophe im ganzen Süden der Sowjetunion, infolge von Missernten und aberwitzigen Fehlentscheidungen der Moskauer Führung um Stalin, die nicht nur die Ukraine, sondern ganz Südrussland und Kasachstan betrafen, zu einem Völkermord-Programm, das sich speziell gegen die Ukrainer richtete.

Damit werden die Reste einer hybriden Kultur, die mit ihrer Kreativität ganz Europa beeinflusst hat, vorsätzlich zerstört. Für etwa 30 % der ukrainischen Bevölkerung, das sind immerhin mehr als 14 Mio. Menschen, ist Russisch Muttersprache, für weitaus mehr war sie probate Umgangssprache. Die Dominanz der russischen Sprache im Donbass ist kein Produkt von russischem Imperialismus, sondern der industriellen Revolution. Ziel ist, Russland als Reich des absolut Bösen hinzustellen und in nationalistischer Abgrenzung eine formierte Gesellschaft zu schaffen. Solidarität mit den Überfallenen kann aber nicht heißen, ukrainischen Chauvinismus als verständlichen Widerstand gegen den Angreifer zu fördern.[92]

Die Kräfte, die in der Folge des Maidan an die Regierung kamen, hängen der Idee an, Menschen würden durch

Blutsbande zusammengehalten, der Status des Fremden sei problematisch, wenn nicht gar illegitim. Diese Kräfte wurden vom Westen unterstützt, obwohl man hätte wissen können, dass ein solches rassistisches Konzept in einem Vielvölkerstaat wie der Ukraine heikel, wenn nicht gar selbstzerstörerisch ist.[93] Aber damit konnte der ukrainische Nationalismus anknüpfen an den gefährlichen Mix aus globalen Herrschaftsansprüchen und militärischem Abenteurertum des anglophonen Westens und seiner EU-Satrapie.[94]

Darüber berichten die Mainstream-Medien nicht. Das macht ihre ethnisch-kulturelle Blindheit aus. Sie folgen der Propaganda-Logik, dass Ultranationalismus und Faschismus, Bücherverbrennungen und Unterdrückung kultureller Minderheiten nicht so schlimm sind, wenn es den Interessen des transatlantischen Blocks nützt. Das ist der Kern des identitär-rassistischen Denkens, das im Gewand der Menschenrechte und des Völkerrechts daherkommt. Ethnische Konflikte werden angeheizt, um postkommunistische Gesellschaften zu destabilisieren und in die NATO-Sphäre hineinzuziehen.

Ökonomische Blindheit

»In Moskau treffen wir unseren Freund Andrej und fahren zu einem kasachischen Restaurant, Tschaichania Nr. 1, am Puschkinskaya-Platz. Wir bestellen Lammsuppe und anschließend einen Spieß. Andrej arbeitet als IT-Spezialist und bei einem Online-Shop. »Hier schütteln wir über die Deutschen den Kopf. Ihr habt Euch selbst den Gashahn abgedreht und gebt Putin die Schuld. Geht's noch?« Von den Sanktionen hält er wenig: »Das kommt hier nicht an. Auch im IT-Bereich gibt es alles zu kaufen. Wir erhalten die Sachen aus China, die Europäer sind aus dem Markt, das ist alles.«[95]

Das deckt sich nicht nur mit unseren Beobachtungen; auch Studien aus Indien oder den USA sehen das so. Der Washingtoner Think Tank Silverado Policy Accelerator wertet die Eckdaten aus und kommt zu dem Ergebnis, dass trotz der Sanktionen Russland weiter Zugang zu kritischer Dual-Use-Technologie und Halbleitern hat, die beide über China und Hongkong geliefert werden. Die russischen Importe haben sich erholt, genauso wie die Lieferketten für Konsumprodukte wie Smartphones, technische Geräte und Autos. Denn das Land hat sich auf die Sanktionen eingestellt, dic darauf abzielten, es vom internationalen Finanzsystem zu isolieren.[96] Augenzeugen bestätigen diesen Eindruck: An der russisch-kasachischen Grenze bei Orenburg werden LKW-Ladungen von Halbleitern transportiert – und zwar von polnischen und litauischen Speditionen.[97]

Der Wirtschaftskrieg wirkt sich im Westen stärker aus als in Russland, einem energie-autarken Land, das nun an den gestiegenen Öl- und Gaspreisen auf dem Weltmarkt sogar noch kräftig verdient, während Wirtschaftsvertreter in Deutschland vor einer De-Industrialisierung warnen, weil das deutsche Geschäftsmodell eben zum Teil auf billiger Energie aus Russland beruht. Damit drohe ein Wohlstandsverlust unbegreiflichen Ausmaßes.[98]

Der geopolitische Experte Jacques Baud geht davon aus, dass sich der Westen verschätzt hat – und eine schwere Rezession droht, deren Ursachen zwar vor dem Krieg liegen, die aber durch die Sanktionen verschärft wird.[99] Der Bundesregierung lagen im November 2022 keine Erkenntnisse zur Wirkung ihrer Russland-Sanktionen vor.[100]

Das deckt sich auch mit den Ergebnissen der Ökonomen: Nach einer Prognose des Internationalen Währungsfonds wird die deutsche Wirtschaft 2023 um 0,3 % schrumpfen, die russische Wirtschaft wächst um 1,5 %. Die EU importiert Rekordmengen an Flüssiggas aus Russland.

Deutschland importiert nun russisches Öl über Indien.[101] Die russischen Öleinnahmen stiegen im August um 1,8 Mrd. USD auf 17,1 Mrd. USD.[102] Die Energiekrise kostet die EU-Länder, so schätzt die Nachrichtenagentur Bloomberg, eine Billion Euro.[103]

Damit erweisen sich die Sanktionen als Bumerang. Der von Washington angezettelte und von seinen EU-Satrapen mitgetragene Wirtschaftskrieg richtet sich im Kern gegen Deutschland. Den USA ist es damit gelungen, einen lästigen Konkurrenten auszuschalten und den eigenen Industrie-Standort zu stärken. In den sog. Leitmedien werden diese Fakten in den Hintergrund gedrängt.

Diese ökonomische Blindheit der Leitmedien ist vielleicht der wichtigste Befund. Denn sie führt dazu, dass die Wirtschaftskraft Russlands aus dem Blick gerät. Das Ergebnis ist, so die amerikanische Historikern Barbara Tuchman, die *»häufigste und tödlichste Selbstverblendung: die Unterschätzung des Gegners.«*[104]

Politische und geostrategische Blindheit

Mariupol, Ende September 2022. Die Eroberung der Stadt durch russische Truppen ist gerade mal 4 Monate her: *»Am Stadtrand verkaufen zwei Frauen an einem mobilen Stand Kaffee, ein paar junge Leute und ein paar Bauarbeiter aus dem Kaukasus lagern drum herum im Gras und schwatzen. Links die Kulisse des Krieges: hinter ein paar Bäumen restlos ausgebrannte Plattenbauten mit schwarzgeränderten Fensterhöhlen. Gegenüber sehen wir den Kontrast: fünf fast bezugsfertige Wohnblocks, weißes Gestein, doppelt verglaste Fenster, Loggias – aber massive Baumängel. Russische Baufirmen ziehen hier insgesamt 35 Neubauten hoch, Wohnraum für 3.400 Menschen. Für die Westpresse eine Propaganda-Siedlung; aber im Meer des Grauens immerhin ein Lichtblick. Die Vielzahl von*

 Neubauten zeigt, dass Moskau hier investiert – und die eroberten Gebiete nicht aufzugeben gedenkt.«[105]

Bis Anfang 2024 sind in Mariupol mehrere Wohnviertel neu entstanden. Russland investiert Milliarden in den Wiederaufbau der Stadt. Das Eiltempo bei der Rekonstruktion ist ein doppeltes Signal. Nach innen, an die Bürger: Wir tun etwas für die Bewohner, wir sorgen für Wohnungen und wirtschaftlichen Aufschwung. Nach außen, an die NATO: Wir sind gekommen, um zu bleiben. Was wir erobert haben, geben wir nicht mehr her.

Dieser Kurswechsel wurde ausgelöst im Frühjahr 2022. Im März und April trafen sich Vertreter der Kriegsparteien zu Verhandlungen in Istanbul. Offenbar als vertrauensbildende Maßnahme zog der Kreml seine Truppen vor Kiew und Charkiw wieder ab. Aber der Westen blockierte ein bereits unterschriftsreifes Friedensabkommen, das zwischen den Kriegsparteien bereits ausgehandelt worden war – wofür es mindestens sechs Quellen gibt, fünf davon waren am Verhandlungsprozess direkt beteiligt.[106] Im Versuch, Russland zu schwächen, haben London und Washington den Krieg auf unbestimmte Zeit verlängert.

Folgt man dem US-Politikwissenschaftler John Mearsheimer von der Universität Chicago, so ist die beste noch verbleibende Option, dass die Ukraine geteilt wird. Die Alternative wäre eine nukleare Auseinandersetzung in Mitteleuropa.[107] Ob es zu einer Teilung der Ukraine kommt oder dort noch hunderttausende getötet werden, das ist aus US-amerikanischer Sicht völlig gleichgültig. Hier ein paar Kostproben:

Der Fraktionsvorsitzende der Republikaner im US-Senat, Mitch McConnell auf X: *»Die amerikanische Unterstützung für die Ukraine ist keine Wohltat. Sie liegt in unserem eigenen Interesse – nicht zuletzt, weil eine Schwächung Russlands dabei hilft, China abzuschrecken.«*[108]

Der geopolitische Analyst George Friedman von der Denkfabrik Geopolitical Futures im Jahr 2015: *»Die hauptsächlichen außenpolitischen Interessen der USA konzentrierten sich im Laufe des letzten Jahrhunderts während des Ersten sowie Zweiten Weltkriegs und des Kalten Krieges auf die Beziehungen zwischen Russland und Deutschland, denn gemeinsam sind sie die einzige Kraft, die eine lebensbedrohliche Gefahr für die USA darstellt. Das Hauptziel war, zu verhindern, dass sie sich zusammenschließen.«*[109]

Der langjährige US-Sicherheitsberater Zbigniew Brzezinski: *»Es wird eine neue Weltordnung unter der Hegemonie der USA, gegen Russland, auf Kosten Russlands, auf den Trümmern Russlands geschaffen.«* [110]

Geostrategisch geht es also für die USA um die Spaltung des eurasischen Raumes. Dafür ist die Ukraine der entscheidende Hebel. Sie soll nicht mehr Brücke zwischen den Völkern, sondern ein Keil zwischen Russland und Westeuropa sein. Dies ist zentrales Element des Stellvertreterkrieges zwischen Washington und Moskau auf ukrainischem Boden. Hintergrund dieser geostrategischen Überlegungen in den USA ist das neokonservative Konzept der *»full spectrum dominance«*, demzufolge die einzige Weltmacht USA in allen Ecken der Welt Überlegenheit zeigen muss. Damit setzen die Vereinigten Staaten Zwang und Gewalt vor Zusammenarbeit und Konsens – eine imperialistische Politik, so Jonathan Schell, mit der Washington den Weg der Überheblichkeit und Ignoranz geht und so *»die Bühne für eine Katastrophe bereitet.«* [111]

Der Krieg in der Ukraine ist der Höhepunkt eines 30 Jahre alten Projekts der US-Neocons.[112] Das geostrategische Ergebnis dieser Politik: Die USA ringen um ihre Vormachtstellung und werden alle Mittel einsetzen, sie zu bewahren – auch militärische. Nach der Ukraine werden sie den Konflikt um Taiwan eskalieren. China und Russland rücken dadurch näher zusammen. Die dauerhafte

 Schwächung Russlands wird scheitern. Moskau war zwar militärisch nicht stark genug, einen Regimewechsel in Kiew im Handstreich durchzusetzen, zeigt sich aber wirtschaftlich erstaunlich resilient. So hat ein weltweiter Wirtschaftskrieg begonnen, den Emmanuel Todd als »Dritten Weltkrieg« bezeichnet.[113]

Die BRICS-Staaten drängen auf Ent-Dollarisierung und auf die Entwicklung zu einer multipolaren Welt. Damit versuchen sie, sich teilweise aus der Abhängigkeit vom Petrodollar zu lösen.[114] Der große Verlierer ist die Europäische Union. Schon 2016 sprach Richard Sakwa vom »Selbstmord Europas«.[115] Die EU wird zu einer Art Unterabteilung der NATO. Der Wirtschaftskrieg Washingtons gegen Europa macht insbesondere Deutschland zu einem nicht mehr wettbewerbsfähigen Hinterhof der USA. Die Hinwendung Russlands zu Asien macht die EU aber auch zu einem Hinterhof Russlands.

Davon lesen wir wenig bis gar nichts in der Zeitung. Auch der wichtigste Grund für diesen Krieg, die Osterweiterung der NATO trotz anderslautender Zusagen, wird selten genannt. Das zeigt, dass eine Regierung lange gegen die Interessen des eigenen Volkes regieren kann, wenn die Medien diese Politik durch beständiges strategisches Framing flankieren.

Apokalypse-Blindheit

Jewgenij Khatsko, ein Offizier der Donbass-Milizen, im September 2022 in Donezk:

»Die wollen die Menschen hier in Donezk nicht mehr haben«, sagt Jewgenij, »die Einwohner von Donezk, die gestern noch Ukrainer waren, wollen sie verjagen.« »Kann dieser Krieg jemals wieder enden?« »Ich hoffe sehr, dass dieser Krieg bald beendet wird. Das wünsche ich auch den Menschen in der Ukraine. Auch dort gibt es vernünftige

Menschen, die sich an unsere gemeinsame Geschichte erinnern. Die Geschichte des großen slawischen Volkes. Solange der Dritte Weltkrieg noch nicht angefangen hat – möge Gott dies verhindern – empfehle ich, sich zu besinnen.«[116]

Aufschlussreich ist dazu ein Artikel von Sergey Karaganov, dem Ehrenvorsitzenden des Präsidiums des Rates für Auswärtige und Verteidigungspolitik in Moskau. Dort verbindet er den Krieg in der Ukraine mit dem Kampf um eine multipolare Weltordnung. Der Westen wolle diese neue Realität nicht anerkennen. Deshalb drohe ein Abgleiten in den 3. Weltkrieg. Aus diesem Grund müsse Russland eskalieren, um zu de-eskalieren. Das heißt: Moskau müsse offensiv mit einem Nuklearwaffeneinsatz drohen und gegebenenfalls einen auf Europa begrenzten Atomschlag durchführen, um klarzumachen, dass Russland bis zum Äußersten gehen werde: »*Für jene, die ihn verloren haben, müssen wir den Glauben an die Hölle wiederherstellen. Wenn Atomwaffen eingesetzt werden müssen – was Gott verhüten möge – so mit einem ausreichend massiven Schlag. Die Angst kann wiederbelebt werden, wenn sie in Europa eingesetzt werden. Denn Europa spielt die Schlüsselrolle in der globalen veröffentlichten Meinung.«* [117]

Karaganov propagiert gleichzeitig die vollständige Abwendung Russlands von Westeuropa und die Hinwendung zu Asien: »*Ja, wir haben unsere europäische Reise – in Bezug auf die Integration – abgeschlossen.«*[118] Der Westen habe die Konfrontation in der Ukraine entfesselt, seine Eliten förderten die Prozesse der Desintegration Europas, die wirtschaftliche Entwicklung im Westen verlangsame sich: »*Jetzt wehren wir den hoffentlich letzten Angriff des untergehenden Westens ab, der nach der strategischen Niederlage in der Ukraine versucht, das Rad der Geschichte zurückzudrehen. Diesen Kampf müssen wir gewinnen – auch mit Drohungen und notfalls mit brutalsten Mitteln. Das ist nicht nur für das Überleben Russlands notwendig, sondern auch, um zu verhindern, dass die Welt in einen Dritten Weltkrieg abrutscht.«*[119] Dies ist keine Einzelstimme. Auch der Historiker Dmitry Trenin argumentiert ähnlich.[120]

Noch einmal der US-Politikwissenschaftler John J. Mearsheimer aus Chicago: Je erfolgreicher das ukrainische Militär gegen die Invasoren vorgehe, desto wahrscheinlicher sei eine nukleare Eskalation. Man dürfe eine Atommacht nicht in die Ecke drängen. Doch genau das versucht der Westen – Russland schwächen, einen Regimewechsel herbeiführen – und ebnet damit den Weg in die Katastrophe.[121]

Sergey Karaganov geht in diesem Punkt noch weiter. Er sieht in den westlichen Regierungen Wahnsinnige, die um ihre Macht fürchten und in Panik geraten, nennt verklausuliert mögliche Angriffsziele. Er prognostiziert, dass Russland bei einem nichtnuklearen Angriff auf sein Territorium mit einem Atomschlag antworten und dass Washington Europa opfern werde:

»Wir waren einige Jahre zu spät dran mit unserer Forderung, die NATO solle ihre Expansion in die Ukraine stoppen. Ich habe fünfundzwanzig Jahre lang immer wieder gesagt, dass diese Expansion unweigerlich zu einem Krieg führen würde. Aber ein groß angelegter thermonuklearer Krieg droht nicht nur und nicht einmal so sehr wegen der Lage in der Ukraine. Es gibt tieferliegende Gründe ... Der Westen ist einfach verrückt geworden. Denn er verliert moralisch und wirtschaftlich und in jeder Hinsicht in der Welt an Boden, nach seiner fünfhundertjährigen Vorherrschaft und nach einer fünfzehnjährigen Periode, die mit seinem schillernden Sieg in den späten 1980er Jahren begonnen hat. ... Leider gibt es einen schweren geistigen Zerfall insbesondere der westlichen Eliten. Dies ist eine Gefahr für die ganze Welt... Ein Atomkrieg kann gewonnen werden. Aber es wird ein enormer moralischer Verlust sein - moralisch, aber auch politisch und psychologisch... Einige Experten

behaupteten, dass es angeblich einen nichtnuklearen Angriff auf die russischen Streitkräfte auf unserem Territorium geben würde... Aber dann wird es eine weitere Runde russischer Atomangriffe auf Europa geben. Und wenn die Amerikaner danach immer noch hartnäckig bleiben, dann wird es einen Angriff auf amerikanische Militärbasen geben. Zehntausende von amerikanischen Militärangehörigen werden sterben. Ich glaube nicht, dass die Amerikaner wollen, dass Zehntausende ihrer Truppen umkommen. Die Amerikaner werden niemals New York, Boston oder Philadelphia in Gefahr bringen, um sich für die Vernichtung von Frankfurt, Posen oder Bukarest zu rächen.«[122]

Damit ist exakt das Szenario beschrieben, in dem ukrainische Kräfte mit deutscher Hilfe Taurus-Marschflugkörper aus Pfaffenhofen gegen Ziele in Russland, beispielsweise gegen die Brücke von Kertsch, einsetzen.

Doch die Kritiker des Eskalationskurses werden medial ausgegrenzt und diffamiert. Sie müssen ihre Kritik in Nischenmedien wie den Magazinen Emma oder Zeitgeschehen im Fokus äußern, da ihnen der Zugang zu den Leitmedien versperrt wird. Dagegen darf die Vorsitzende des Verteidigungsausschusses und Rüstungslobbyistin Marie-Agnes Strack-Zimmermann erklären: »*Putin ist zu ängstlich für die Atombombe.*«[123] Die Politik der Ausgrenzung, welcher sich die herrschenden medialen Eliten als Strategie zur Lenkung und Manipulation der Gesellschaft bedienen, entzieht den Einzelnen die Ressourcen zur Meinungsbildung über die tatsächliche Lage.[124]

Der Philosoph Günther Anders spricht von »Apokalypse-Blindheit« und bezeichnete uns als »*Analphabeten der Angst*«.[125] Man muss sich nur einmal die Talkrunden im Fernsehen ansehen. Dann ist klar: Die Medien sind zum zentralen Eskalationstreiber geworden. Anders' Diagnose der Apokalypse-Blindheit trifft hier vollständig zu.

Unmittelbar nach meiner Rückkehr erhielt ich von der Personalabteilung des NDR einen Einschreibebrief, in dem es heißt: »Uns wurde ihre Tätigkeit in der Ukraine anlässlich einer Presseanfrage bekannt. Einen diesbezüglichen Nebentätigkeitsantrag haben wir nicht finden können.« Mein Anwalt antwortete daraufhin der Wahrheit entsprechend, dass keine Nebentätigkeit als Wahlbeobachter vorliegt. Bis zu diesem Zeitpunkt hat auf NDR-Seite noch keine Prüfung der Eingangsinformation stattgefunden. Das Verfahren ist schlicht: Man übernimmt ungeprüft Fake News, um darauf arbeitsrechtliche Vorgänge aufzubauen.

Journalisten arbeiten heute überwiegend am Computer und im Internet. Sie glauben, sie sehen auf dem Bildschirm die Welt. Doch dies ist ein Irrtum: Das Internet ist ein Filter, der aussieht wie ein Fenster. Hochgeladen wird nur, was den eigenen Überlegungen und Interessen entspricht. Der Sucher sieht nur einen Ausschnitt der Realität, der zudem ein Zerrbild zeigen kann.

Seit 2014 haben die meisten sog. Qualitätsmedien ihre Korrespondenten aus dem Donbass abgezogen. So ist die ARD in den besetzten Gebieten nicht vor Ort. Deshalb beschränkt man sich auf Ferndiagnosen; eine Realitätsprobe ist unmöglich. Gegen den handwerklichen Grundsatz »et audiatur altera pars« wird generell verstoßen. Wer die andere Seite dennoch hört, wird als Putin-Versteher oder Kreml-Propagandist ausgegrenzt. Das Ziel ist, zu verhindern, dass sich die Menschen im Westen direkt mit anderen Sichtweisen auseinandersetzen. Deshalb wurden auch die russischen Medienportale Sputnik und Russia Today in den NATO-Staaten verboten. Die Meinungs- und Informationsfreiheit als fundamentales Grundrecht spielt keine Rolle, nach dem Motto: Wir halten uns nur dann an Gesetze, wenn sie uns nützen.[126]

Was bleibt, sind Agenturmeldungen. Ein Reporter der *Bild*-Zeitung bewegt sich auf der ukrainischen Seite. In der Tendenz führt das dazu, dass die ukrainische Perspektive und die Sicht der NATO die Informationsgebung prägen. Damit ist eine Ausgewogenheit in der Berichterstattung unmöglich. Die Mainstream-Medien liefern damit ein Zerrbild der Realität und transportieren im Wesentlichen Propaganda. Der Militäranalyst Jacques Baud: »Indem sie viele Aspekte des Konflikts ausblenden, haben die westlichen Medien uns ein karikaturhaftes und künstliches Bild der Situation vermittelt, was zu einer Polarisierung der Gemüter geführt hat. Dies hat zu einer weit verbreiteten Mentalität geführt, die jeden Verhandlungsversuch praktisch unmöglich macht. Die einseitige und voreingenommene Darstellung in den Mainstream-Medien dient nicht der Lösung des Problems, sondern der Förderung des Hasses auf Russland.«[127]

Dazu gehört, dass die Vorgeschichte des Krieges weitgehend ausgeblendet wird. Dies macht aus einem völkerrechtswidrigen Angriffskrieg keine Friedensmission. Aber wer den Krieg beenden will, muss seine Ursachen kennen. Genau um diese Ursachen wird die Berichterstattung verkürzt. Das bedeutet: Die »Sieben W-Fragen« – Wer? Wo? Was? Wann? Wie? Warum? Woher die Meldung? – werden gar nicht mehr vollständig beantwortet. Es fehlen Erklärungen zu »Wie« und »Warum«. Damit bleibt der Leser verwirrt und ratlos zurück, ein Opfer der Propaganda.

Weder bei »Anne Will« noch bei »Markus Lanz« werden journalistische Mindest-Standards eingehalten. Die »Moderatoren« machen sich gemein mit den Kriegstreibern, deren zahlenmäßige Überlegenheit bei der Vorbereitung der Gesprächsrunde sichergestellt wird. Abweichende Positionen werden niedergeschrien.[128] Dass ein Reporter in einem Kriegsgebiet gleichzeitig von Sitzredakteuren in Deutschland unter Vorspiegelung falscher Tatsachen denunziert wird – auch dies hätte es vor einem Jahrzehnt noch nicht gegeben. Dies zeigt die Degeneration der Branche.

Wagt es jemand, wie der ZDF-Reporter Armin Coerper oder ich, auch nur ansatzweise ein ausgewogenes Bild der Situation im Kriegsgebiet zu vermitteln, wird er sofort von Kritikern niedergemacht. Coerper hatte mit seinem Bericht aus Mariupol die Realitätsprobe vor Ort gewagt und sich dadurch von jenen Sitzredakteuren abgehoben, die in der journalistischen Behaglichkeitszone ihrer Schreibtische ihre Weisheiten aus Agenturen abschreiben und damit der Scheinrealität westlicher Propaganda folgen.[129]

Wir haben es in Deutschland mit einer Berichterstattung zu tun, die ihre eigenen Handwerksregeln missachtet und deshalb der Desinformation dient. Dies zeigt die handwerkliche Blindheit und den Zerfall der Berichterstattung. Wir sind angekommen im postfaktischen Zeitalter der Propaganda-Medien. Die Presse hat sich verrannt in die eigenen Propaganda-Narrative. »Nachprüfbare Fakten spielen keine Rolle«, so Colin Crouch. »Wir leben im postfaktischen Zeitalter.«[130] Als Informationsquelle haben die Medien weitgehend ausgedient: Die Welt als Wille und Vorstellung. Die Presse liegt im Sterben. Nie wieder wird ihr noch irgendjemand zuhören, der an der Wahrheit interessiert ist.

Mitte Oktober 2023 erfahre ich, dass ich auf der Abschussliste des ukrainischen Geheimdienstes stehe.[131] Dazu haben auch die Schreibtischtäter der Hetz- und Propagandamedien beigetragen. Im Sinne der Kriegstreiber haben sie ganze Arbeit geleistet. Dies ist der vollständige Bankrott des journalistischen Handwerks. Die Branche leistet Zuträger- und Prangerdienste für Mordkommandos.

Medien im Propagandakrieg

Ideologische Staatsapparate

Der Staat, darauf hat der französische Philosoph Louis Althusser hingewiesen, ist nicht neutral. Vielmehr sichert er die Reproduktionsbedingungen des Kapitals ab. Er schützt also zugespitzt gesagt nicht die Menschen vor den Exzessen des Marktes, sondern den Markt vor den Menschen. Er sorgt dafür, dass die Investoren stabile rechtliche und politische Rahmenbedingungen vorfinden und die Menschen der marktwirtschaftlichen Ordnung weiter Gefolgschaft leisten, dass es also nicht zu massiven Legitimationskrisen oder Unruhen kommt.

Zur Aufrechterhaltung dieser Ordnung setzt er seine »repressiven Staatsapparate« ein: Militär, Justiz, Polizei. Dies allerdings ist immer mit der konfrontativen Anwendung von Zwang verbunden. Günstiger erscheint es deshalb, Legitimation und Gefolgschaft über »ideologische Staatsapparate«[132] zu erzielen. Dazu zählt Louis Althusser Schulen, Universitäten, Kirchen, in einem weiteren Sinne auch Medien, staatlich gesponserte sog. Nichtregierungs-Organisationen und supranationale Organisationen wie die EU. Alle diese Organisationen wirken zusammen in einem Richtungssinn und verstärken ihre Potenzen gegenseitig. Dahinter wiederum stehen staatliche, geheimdienstliche oder transatlantische Finanzgeber und Akteure. Auf diese Weise erhalten sie eine ungeheure Wirkmacht.

Das Beispiel Schule: Ein Abiturient mit Leistungsfach Geschichte wählt als Thema der Prüfung die Stalin-Note von 1952, die ein vereinigtes Deutschland mit neutralem Status vorsah. Der Lehrer bescheidet: »Aber russische Literatur darfst Du nicht verwenden!« Damit ist ein wesentlicher Teil der historischen Forschung ausgeschlossen. Die westliche Lesart wird durchgesetzt. Man nennt dies strategisches Framing.[133]

 Dass Beispiel Hochschule: Die Propaganda-Abteilung der Ukrainisch-Deutschen Historischen Kommission – in Gestalt von Dr. Anna Veronika Wendland und Prof. Ricarda Vulpius – macht gegen meine Lesung in Kamenz mobil und bemüht sich dabei nach Kräften, Geschichte im Sinne der Selenskij-Regierung und der NATO umzulügen.

In den Gesellschaftswissenschaften hat das identitäre Denken den historisch-kritischen Ansatz weitgehend ersetzt. Identitäres Denken referenziert auf angeblich bestimmte politische und soziale Gruppen oder Werte, gibt Bekenntnis den Vorrang vor Erkenntnis. Dies ist direkt gerichtet gegen die Universalität der Vernunft, wie sie Immanuel Kant als zentrales Element der Aufklärung dargelegt hat: »Die critische Methode suspendirt das Urtheil, in Hoffnung dazu zu gelangen.«[134] Stattdessen: moralische Überhöhung der eigenen Position. Dies ist das Ende der Aufklärung, der Umschlag von Wissenschaft in Mythologie. Gleichzeitig beschreibt das identitäre Denken einen intellektuellen Regress. Hegel betont in der Logik: Identität ist »Ausdruck der leeren Tautalogie«. Ich bin ich, wir sind wir – diese Selbstgenügsamkeit führt ins »Zeitalter der Idiotie«, denn so ist ein Lernen und Verändern nicht möglich. Statt »das unbewegte Einfache zu sein«, so Hegel, entsteht selbständige Identität, als Handlungsfähigkeit und Selbstverfügungsfähigkeit, durch »das Hinausgehen über sich in die Auflösung ihrer selbst,« also durch die Konfrontation mit dem anderen.[135]

Das identitäre Denken ist inzwischen in allen ideologischen Apparaten verankert, in die Akademiker diffundiert sind. Dieses Denken ist im Kern ein gegen die Vernunftorientierung der Aufklärung gerichtetes Denken. Denn im Zweifel bewertet es die Geltungsansprüche der eigenen identitären Gruppe höher als die Geltungsansprüche Anderer. Es geht darum, dass WIR die Guten sind, dass WIR es besser wissen, dass WIR die regelbasierte Ordnung bestimmen, der sich andere zu fügen haben. Dies verweist auf den im Kern antidemokratischen Charakter des identitären Denkens. Der Historiker Götz Aly: »Auch der Nationalsozialismus war eine identitäre Bewegung!«[136]

Das identitäre Denken ist zugleich ein Freund-Feind-Denken, auf dem die gesamte aktuelle deutsche Sicherheitsdebatte beruht. Wer nicht für uns ist, ist gegen uns. Das Kernaxiom lautet: Die Russen sind die Bösen. Die Vorgeschichte des Ukraine-Krieges wird ausgeblendet und damit der Tatanteil des Westens. Jede friedliche Lösung wird ausgeschlossen. Damit wird das Friedensgebot des Grundgesetzes missachtet. Ziel ist, die Bevölkerung mit angeblichen Bedrohungs-Szenarien kriegsbereit zu machen.[137] Die Jahre der Entspannungspolitik werden als »Jahre großer politischer und strategischer Blindheit« dargestellt.[138] Die Autorin, Stefanie Babst, war bis 2020 stellvertretende beigeordnete Generalsekretärin der Public Diplomacy Division im NATO-Generalsekretariat und damit selbst NATO-Propagandistin.

Das identitäre Denken ist ein ausgrenzendes Denken. Wer nicht für uns ist, ist gegen uns. Es schafft ein Klima der Angst. Wissenschaftlerinnen wie Prof. Ulrike Guérot werden entlassen, Prof. Michael Meyen und andere mit Disziplinarverfahren überzogen, Patrik Baab verliert seine Lehraufträge, weil sie nicht der Staatsraison folgen. Hier geht es aber nicht nur um die Zielperson. Es geht darum, durch die Erzeugung von Angst vorauseilenden Gehorsam bei anderen zu erzwingen. Heike Egner und Anke Uhlenwinkel haben untersucht, dass seit 2020 in Deutschland, Österreich und der Schweiz fast 50 Ordinarien relegiert worden sind, weil sie sich dissidentisch geäußert haben. Wir haben es hier also nicht mit Einzelfällen zu tun, sondern mit einer systematischen Unterwerfung der Universitäten.[139]

Das Beispiel Kirche: Immer schwieriger wird es für Dissidenten, von der Kirche Räume zu bekommen. Der katholische Pfarrer von Herzogenrath, Dr. Guido Rodheudt, ist hier eine luzide Ausnahme.[140] Pastoren predigen inzwischen ihren Schäfchen Waffenlieferungen. Es fehlt nur noch, dass sie die Marschflugkörper vor der Auslieferung an die Ukraine segnen.

Das Beispiel NGO's: Sogenannte Nichtregierungs-Organisationen, die gleichwohl staatlich finanziert werden, wie z. B. Fake-Observers, welche Gelder vom Bundesaußenministerium und der EU-Kommission erhält, stellen Abweichler von der staatlichen Linie an den Pranger, denunzieren sie als Handlanger Moskaus und geben sie so für den ukrainischen Geheimdienst zum Abschuss frei. Das ganze unter dem Deckmantel bürgerschaftlichen Engagements, aber eigentlich als ausgelagerte Zensur- und Repressionseinrichtungen zur Einschüchterung politischer Kritiker. Hier tun sich Vorfeldorganisationen der Grünen wie das Zentrum Liberale Moderne in besonderer Weise hervor.

Das Beispiel supranationale Organisationen: Die Europäische Kommission erlässt mit dem Digital Services Act ein umfassendes Zensurgesetz, das unter Umgehung von Art. 5 GG Plattformbetreiber wie YouTube oder Facebook zwingt, »Desinformation« zu unterdrücken. Nur: Wer bestimmt, was Desinformation ist? Frau von der Leyen? Oder intransparente private Akteure, die im Vorgriff Inhalte, die ihnen nicht passen, depublizieren? Dies ist nichts anderes als die Privatisierung der Zensur.

Zu diesen ideologischen Staatsapparaten zähle ich auch die Medien, auch da, wo es sich um nichtstaatliche Akteure handelt. Gegenüber dissidentischen Positionen, die von der staatlichen Linie abweichen, entfalten sie nämlich einen regelrechten Killer-Instinkt. Dies hat zu tun mit den Arbeitsbeziehungen in den Medien, der Redaktions-Soziologie, dem Mangel an innerer Pressefreiheit, der Übermacht der Public Relations, der journalistischen Psychologie, der Digitalisierung und den Eigentumsverhältnissen.

Wegen meiner Recherchen während der Referenden in den russisch besetzten Gebieten des Donbass haben mich T-Online und andere Medien als Wahlbeobachter Putins hingestellt: »Auch ein ehemaliger NDR-Redakteur mischt mit.«[141] Ein einziger Anruf bei der zuständigen Zivilkammer in Moskau hätte ergeben, dass ich kein Wahlbeobachter war. Auch ein Blick auf die Website hätte genügt: Dort sind die Wahlbeobachter genannt – alles in Englisch.[142] Auch mein Dementi hat T-Online nicht interessiert. Beides verweist darauf, dass es gar nicht um wahrheitsgemäße Information ging. Es geht darum, zu skandalisieren, zu denunzieren und beruflich zu diskreditieren. Ein Blick hinter die Kulissen hilft, nach dem Motto: Follow the money!

T-Online gehört zum Ströer-Konzern. Dies ist ein Unternehmen, das in der Hauptsache mit Werbung und Werbeflächen sein Geld verdient. Dabei sind Bund, Länder und Gemeinden Großkunden. Die Konzessionsverträge sehen »überwiegend umsatzabhängige Pachtzahlungen« vor. Ströer ist dabei teilweise mit kommunalen Unternehmen verflochten. Ströer und Kommunen teilen sich dabei den Reingewinn. Anders ausgedrückt: Das Portal T-Online ist über Ströer wirtschaftlich mit dem Staat verbunden.[143] Es verwundert nicht, dass T-Online als regierungsnahes Medium gilt. Es liegt nahe, dem wichtigsten Kunden einen Gefallen zu tun, indem man von der staatlichen Linie abweichende Positionen angreift.[144] Da die Bundesregierung dargelegt hat, dass der BND mit Journalisten zusammenarbeitet, liegt der Verdacht nahe, dass auch T-Online von Regierungsstellen oder gar Geheimdiensten auf Dissidenten angesetzt wird.[145]

Ähnlich lief es bei Hubert Seipel: Für seine Biografie »Putin – Innenansichten der Macht« von 2015[146] erhielt er ein Sponsoring-Angebot von dem Geschäftsmann Alexei Mordaschow. Vertraglich wurde eine inhaltliche

Einflussnahme ausgeschlossen. Trotzdem wurde Seipel als »Putin-Schleimer« diffamiert.[147] Dass das Magazin »Der Spiegel« von der Bill und Melinda Gates Stiftung 2,5 Mio. Dollar bekam, wurde nicht in dieser Form breitgetreten. Lediglich der Hamburger Anwalt Gerhard Strate griff das Magazin an: Mit der Zuwendung werde eine redaktionelle Mission verfolgt.[148] Ein Skandal wurde daraus nicht.

Die sogenannten »Fakten-Checker von Correctiv berichten über ein angebliches Geheimtreffen von Rechtsextremisten am Wannsee. Es seien massenhafte Deportationen geplant worden. Später wird deutlich: Nichts von dem Besprochenen war geheim, alles schon bekannt, auch von Regierungsmitgliedern schon gefordert. Der Verfassungsschutz weist Hinweise zurück, er habe nachrichtendienstliche Aufzeichnungen an Correctiv weitergegeben.[149] Der Staat inszeniert einen Aufstand der Wohlgesinnten und bringt Hundertausende »gegen rechts« auf die Straße. Manches deutet darauf hin, dass sich die Akteure konzertiert haben. Die Plattform Correctiv erhält jedenfalls u. a. staatliche Zuschüsse und Mittel aus der Omydiar-Stiftung – ein »staatlich finanziertes Zensur-Netzwerk«.[150]

Presse-Erzeugnisse besitzen einen Doppelcharakter: Sie sind genauso Kulturgut wie Wirtschaftsgut, anders ausgedrückt: Mit Informationen wird Geld verdient.[151] Man muss kein allzu tiefgründiger Denker sein, um zu wissen, dass beides oft im Konflikt liegt. Der Verleger will Auflage, das Management Quote und damit Werbe-Erlöse und Rendite. Der Journalist recherchiert und braucht Platz für seine Inhalte. In dieser Hinsicht ist die Presse ein Kulturgut. Doch in der Realität müssen sich Medien refinanzieren. Die Konzernmedien müssen profitabel wirtschaften. In dieser Hinsicht sind Medien Wirtschaftsgüter. Wer das Geld gibt, hat das Sagen.

Deshalb gibt es im Pressewesen das sogenannte Verleger-Privileg.[152] Der Eigentümer darf die redaktionelle Linie bestimmen. Ein Redakteur, der sich nicht identifiziert mit der Redaktionslinie, darf gehen, denn Presseorgane sind Tendenzbetriebe. Das nennt man »Tendenzschutz«.[153] Beim öffentlich-rechtlichen Rundfunk ist die Staatsferne der Berichterstattung allein schon deshalb schwierig, weil die wichtigsten Führungskräfte außertariflich bezahlt werden, d. h. übertariflich. Diese Verträge sind befristet. Über die Vergabe oder Verlängerung entscheidet der Rundfunkrat auf Vorschlag des Verwaltungsrates. Dort aber haben die Vertreter der großen Parteien entscheidenden Einfluss. Die journalistische Oppositionslust der auf diese Art ausgewählten Führungskräfte hält sich also in engen Grenzen.

»Pressefreiheit ist die Freiheit von zweihundert reichen Leuten, ihre Meinung zu verbreiten.« Das hat der konservative Publizist Paul Sethe schon 1965 geschrieben. »Frei ist, wer reich ist. Das Verhängnis besteht darin, dass die Besitzer der Zeitungen den Redakteuren immer weniger Freiheit lassen, dass sie ihnen immer mehr ihren Willen aufzwingen.«[154] Die Besitzverhältnisse und die Entscheidungsgewalt über Produktionsmittel wirken wie ein redaktioneller Filter, der ressourcenstarke Interessen und staatstragende Deutungshoheit durchlässt; der Rest bleibt hängen.[155]

Mediale Arbeitsbeziehungen

Ich war 15 Jahre lang freier Mitarbeiter, bei Zeitungen und Zeitschriften, bei Radio und Fernsehen. Ich bin also nicht sachfremd. Der rasende Reporter, der nach Zeilen oder Sendeminuten bezahlt wird – das bin ich. Ein freier Mitarbeiter, wie ich es war, wird seinem Chef dreimal hintereinander ein Thema anbieten, das der nicht haben will. Er schreibt ein Exposé für eine recherchierte Geschichte; der Redakteur sagt, dieses Thema läuft nicht. Er versteht nicht genau warum. Aber beim nächsten Mal ist er vorsichtig geworden und klärt das Thema vorher mit dem Chef ab.

Es wird ihm gesagt, dass er bei dem Thema zurückhaltend sein soll. Beim dritten Mal denkt er über eine Recherche nach, hält es aber für besser, den Redakteur damit nicht zu belästigen. Beim vierten Mal entscheidet er sich gleich gegen dieses Thema.[156]

Damit hat er es begriffen; denn er bekommt Stücklohn und muss am Monatsersten seine Miete überweisen. Freie Mitarbeit, Zeitverträge, in der Summe unsichere Beschäftigungsverhältnisse bewirken Selbstzensur. Dazu kommt der seit Jahren andauernde Spardruck in den Redaktionen. Der Stellenabbau erzwingt vorauseilenden Gehorsam. Denn am Ende erhalten jene eine Vertragsverlängerung oder eine Entfristung der Beschäftigung, die sich besonders geschmeidig zeigen. Jeder, der einmal in Redaktionen tätig war, weiß genau, wie subtil dieser Anpassungsprozess läuft. Er besteht weniger darin, sich bewusst anzupassen, hier und da mal einen kleinen Kompromiss; sondern vielmehr darin, dass bereits der freie Mitarbeiter die Denkweise und die Auswahlkriterien seiner Chefs internalisiert, weil er sonst wirtschaftlich nicht überleben kann.

Nichts anderes ist vorauseilender Gehorsam: die Adaption einer machtgesteuerten Denkweise wirkt wie ein Gehirn-Implantat und ist den Betroffenen am Ende selbst gar nicht bewusst. Upton Sinclair schreibt 1934: »Es ist schwer, einen Menschen von etwas zu überzeugen, wenn sein Gehalt davon abhängt, dass er es nicht versteht.«[157] Alarmiert von den Präferenzen und Bewertungskriterien der Entscheider-Ebene lernen junge Journalisten, sich an die Zwänge und Gepflogenheiten des redaktionellen Umfelds anzupassen. Am Ende glauben sie selbst daran, frei und unabhängig zu berichten, weil sie die Gitterstäbe nicht mehr spüren, hinter denen sie gesiebte Luft atmen. Die Zensur wird ausgelagert ins Gehirn der Zensurierten. Prekäre Beschäftigung führt also zur Selbstzensur und damit zur Verengung des Meinungsspektrums.

Mit der Verschärfung der Ausbeutung in Redaktionen und der Verengung des Debattenraumes gelangt jener Prozess der Verdinglichung auf eine neue Stufe, auf die Georg Lukács bereits 1923 hingewiesen hat und die im Kern darin besteht, dass auch Journalisten die Ergebnisse ihrer Arbeit an den Produktionsmittelbesitzer verkaufen müssen:

»Die Trennung der Arbeitskraft von der Persönlichkeit des Arbeiters, ihre Verwandlung in ein Ding, einen Gegenstand, den er auf dem Markte verkauft, wiederholt sich auch hier... Am groteskesten zeigt sich diese Struktur im Journalismus, wo gerade die Subjektivität selbst, das Wissen, das Temperament, die Ausdrucksfähigkeit zu einem abstrakten, sowohl von der Persönlichkeit des ›Besitzers‹ wie von dem materiell-konkreten Wesen der behandelten Gegenstände unabhängigen und eigengesetzlich in Gang gebrachten Mechanismus wird. Die ›Gesinnungslosigkeit‹ der Journalisten, die Prostitution ihrer Erlebnisse und Überzeugungen ist nur als Gipfelpunkt der kapitalistischen Verdinglichung begreifbar.«[158]

Im Ergebnis heißt das: Innere Pressefreiheit existiert nicht. Redaktionen werden häufig zu Soziotopen perfekter Untertanen-Mentalität. Pressefreiheit ist, um eine Formulierung von Hegel zu bemühen, »die Furie des Verschwindens«.[159] Wie der Mehrwert im Allgemeinen werden journalistische Produkte im Besonderen durch die Kapitalseite angeeignet und weiterverwertet. Wer die Produktionsmittel bereitstellt, hat das Sagen.

Redaktioneller Habitus

Dabei kann man nicht davon ausgehen, dass besondere Helden von den Journalistenschulen kommen. Die führenden Journalistenschulen in Deutschland sind private Einrichtungen und stehen Verlagen oder Sendern nah.

Schon hier werden die passenden Verhaltensmuster und Einstellungen sozialisiert, die eine spätere passgenaue Verwendung in den Redaktionen sicherstellen.

Die Ausbildungswege dauern lang und sind teuer. Erforderlich sind oft mehrere meist unbezahlte Praktika in Städten fernab des Studienortes. Das kostet Geld, das Kinder armer Leute nicht haben, und läuft in den Semesterferien, wenn Studenten mit knapper Kasse arbeiten müssen. Die Folge ist, dass in den Redaktionen meist Kinder des gehobenen Bürgertums landen, Söhne und Töchter von Ärzten, leitenden Beamten, Managern. Der journalistische Nachwuchs rekrutiert sich aus jenen Milieus, in denen es keine soziale Not, Arbeitslosigkeit, Obdachlosigkeit, Wohnungsnot gibt.

Das hat zur Folge, dass soziale Fragen in der Berichterstattung in den Hintergrund treten. Sie prägen einfach nicht das Denken der Redakteure. Dies ist eine Form indirekter Zensur, obwohl es keine staatlich gelenkte Presse gibt. Zensur bedeutet in diesem Falle, dass bestimmte Perspektiven, Meinungen, Themen und Informationen bewusst oder unbewusst von Journalisten ausgesondert werden, weil sie nicht den sozialisationsbedingten und weltanschaulichen Kriterien der besseren Gesellschaft entsprechen: »Die Folge ist eine weltanschaulich synchronisierte Berichterstattung.«[160]

Dies führt dazu, dass wesentliche Elemente sozialer Konflikte, auch wichtige Hintergrundinformationen zum Ukraine-Krieg, ausgeblendet werden. Den meisten Journalisten fehlt der Sachverstand dazu, sie sind nicht im Thema, scheuen die lange Einarbeitungszeit, aus der erst ein gewisses Verständnis für die Prozesse in einem komplizierten Land wie der Ukraine erwächst. Darin zeigt sich, wie es der Soziologe Pierre Bourdieu ausgedrückt hat, »dass Journalisten manchmal gefährlich sind: Da sie nicht immer wirklich gebildet sind, wundern sie sich über Dinge, die nicht sehr verwunderlich sind, und über

Staunenswertes wundern sie sich nicht... Die Journalisten tragen eine spezielle ›Brille‹, mit der sie bestimmte Dinge sehen, andere nicht, und mit der sie die Dinge, die sie sehen, auf bestimmte Weise sehen. Das Auswahlprinzip ist die Suche nach dem Sensationellen, Spektakulären.«[161] Wie aber wollen Journalisten andere informieren, wenn sie selbst die realen Vorgänge nicht durchdringen, sondern der Skandalisierung Vorschub leisten?

Pierre Bourdieu weist auch darauf hin, dass junge Menschen aus diesem gehobenen Kleinbürgertum eine Gemeinsamkeit haben: Gemeinsamer Nenner ihres sozialen Habitus ist die Disposition zur Anpassung, die sich an Autoritäten und bewährte Verhaltensmuster klammert und »auf politischem Gebiet sich als respektvoller Konformismus oder vorsichtiger Reformismus« präsentiert.[162] Zivilcourage und investigative Recherche ist in diesem Milieu kaum zu erwarten. Der bürgerliche Journalist ist ein Meister der Anpassung und des Opportunismus, der aber zugleich in Sonntagsreden und bei Preisverleihungen von unerschütterlicher Wahrheitssuche und der Unerschrockenheit der »Vierten Gewalt« schwadroniert.

Zum kollektiven Habitus des Konformismus zählt auch die unausgesprochene Orientierung am Eigennutz. Journalisten aus dem gehobenen Bürgertum dürfen vielfach hoffen, den Aktienfonds der Eltern zu erben. Rosa Luxemburg hat geschrieben: »Die Dividenden steigen, und die Proletarier fallen.«[163] Das ist auch heute noch richtig. Charakteristisch ist, dass diese Generation der Erben in den Redaktionen sich ausrechnen kann, erstens aus dem Krieg pekuniären Nutzen zu ziehen und zweitens nicht an der Front zu landen. Sie müssen nicht hin; deshalb sind sie für den Krieg. Während der Aktienkurs ihres Erbes steigt, predigen sie: »Wir müssen den Ukrainern gegen den Schlächter Putin helfen!« Damit kaschieren sie auch ihr finanzielles Interesse. Daraus erwächst eine postdemokratische Meinungs- und Zensur-Maschinerie, die in acht Prozess-Schritte zerlegt werden kann:

1. Die Regierung oder supranationale Organisationen wie NATO oder EU-Kommission geben über ihnen nahestehende Denkfabriken wie Deutsche Gesellschaft für Auswärtige Politik oder Zentrum Liberale Moderne die Marschrichtung vor.
2. Auftragnehmer des Staates wie T-Online sorgen für den Auftakt der medialen Kampagne. Offen ist, ob und wie sie mit Geheimdiensten zusammenwirken. Jedenfalls hat die Bundesregierung in ihrer Antwort auf eine parlamentarische Anfrage keine näheren Angaben dazu gemacht, welche Journalisten für die Dienste arbeiten.[164]
3. Sogenannte Nichtregierungsorganisationen wie Fake-Observers, die staatlich gesponsert werden, oder sogenannte Faktenchecker wie Correctiv, die ebenfalls staatlich mitfinanziert werden, mischen mit oder lösen selbst Kampagnen aus. Dabei mobilisieren sie Ressentiments v. a. über soziale Medien.
4. Der staatsnahe öffentlich-rechtliche Rundfunk springt auf die Kampagne auf, schreibt die Meldungen ab und sorgt als gebührenfinanziertes System für massenhafte Verbreitung. Die Autoren handeln, wie im NDR, meist nach Signalen der Führungsebene.
5. Dann steigen Provinzjournalisten ein, die noch ein Stück vom klick- und quotenträchtigen Hetz- und Propagandakuchen abhaben wollen. Sie suchen regionale Anlässe, um das in Rede stehende Thema oder die Zielpersonen zu skandalisieren. Dabei zeichnen sie sich nicht nur, wie Pierre Bourdieu dies beschrieben hat, durch einen Mangel an Sachkenntnis aus, sondern blenden bewusst auch Informationen aus, die nicht ins »Framing« passen.
6. Veranstalter und Organisationen bekommen kalte Füße, sagen aus Angst vor negativer Presse im vorauseilenden Gehorsam Veranstaltungen ab, kündigen Räume oder reagieren mit sozialer Ächtung.
7. Die Provinzorgane, je nach Sachverhalt auch andere Propaganda-Medien, melden Vollzug.
8. Propaganda-Presse, Parteien und Verbände nutzen dies als angeblichen »Beweis« für die Untragbarkeit der Aussagen der Zielperson oder ihrer verwerflichen Kontakte.

Ziel dieser konzertierten Aktionen ist die Zerschlagung der demokratischen Öffentlichkeit und die Oktroyierung von Kriegshysterie. Die Akteure zeichnen sich dabei durch besondere Hinterhältigkeit und Feigheit aus. Müssten nämlich jene Kriegstreiber, die sich hinter Redaktionstischen verstecken, an die Front, wäre der Krieg morgen vorbei. Dasselbe gilt für Vertreter von Wissenschaft und Politik.

Public Relations und Angriff aufs Gehirn

Seit fast fünf Jahrzehnten erlebe ich in den Redaktionen Sparrunden. Gleichzeitig rüsten die Public-Relations-Abteilungen der Unternehmen und des Staates auf. Beide Prozesse haben weitreichende Folgen.

Während Journalismus im öffentlichen Interesse betrieben werden sollte, wird Öffentlichkeitsarbeit von Unternehmen, Verbänden, Behörden, Parteien und Nichtregierungsorganisationen betrieben, mit dem Ziel, Partialinteressen durchzusetzen. Damit folgt PR grundsätzlich anderen Interessen als der Journalismus. Der Punkt ist, so BBC-Redakteur Robert Preston, »als Journalist hatte ich nie einen Zweifel daran, dass die Public Relations der Feind sind.«[165]

Dabei sticht die wachsende Übermacht ins Auge: Kamen in den Vereinigten Staaten 1990 zwei PR-Mitarbeiter auf einen Journalisten, so waren es 2011 schon vier, und derzeit wird das Verhältnis auf mindestens sechs zu eins geschätzt, Tendenz steigend. Während in den Zeitungen und Rundfunkanstalten in den USA in den Jahren 2000 bis 2010 etwa dreißig Prozent der Gelder für Berichterstattung gekürzt wurden, floss immer mehr Geld in die PR. Der Krise des Journalismus steht ein Überfluss an ungefilterter interessengeleiteter Information gegenüber.[166]

Dadurch wird es immer schwerer, gegensätzliche Behauptungen zu prüfen, unterschiedliche Interessen zu berücksichtigen, Sachverstand heranzuziehen. Am Ende fehlen dafür Zeit und Personal. Vorgefertigte Berichte und Meldungen werden ungeprüft übernommen, zugeliefertes Videomaterial ungefiltert weiterverbreitet, gesponserte Inhalte ungekennzeichnet verwendet. Auch die NATO stellt auf ihrer Seite Inhalte und Interviews zum Download bereit. Die Brandmauer zwischen Werbung und journalistischen Inhalten wird dadurch brüchig. So gelangen nicht nur Fakten in Umlauf, sondern auch Meinungsbilder und glatte Lügen. Fehler, Halbwahrheiten und Propaganda werden eher wiederholt statt korrigiert. Einer schreibt vom anderen ab.[167]

Die Sparmaßnahmen in Redaktionen verstärken die Dominanz der Nachrichtenagenturen. Insbesondere in der Auslands-Berichterstattung prägen wenige Nachrichtenagenturen die Informationsgebung. Sie gehören wiederum den Verlegern bzw. großen Medienkonzernen. Der Redakteur bei Zeitungen, Rundfunkanstalten oder Online-Medien sitzt am Computer und kompiliert das, was seine Online-Quellen anliefern. Aber das Internet, aus dem er sein Wissen saugt, ist nicht die Wirklichkeit. Online findet er nur, was andere nach eigenen Erwägungen und Interessen hochgeladen haben. Das Internet ist ein Filter, der aussieht wie ein Fenster.[168] Die digitale Welt kann die Realitätsprobe nicht ersetzen.

Diese Machtverschiebung hat direkte Konsequenzen für die demokratische Öffentlichkeit und die Meinungsbildung in der Demokratie, weil die Fundamente faktengestützter Kontrolle und Kritik der Machteliten untergraben werden.

Allein für das Pentagon arbeiten 27.000 PR-Spezialisten mit einem Jahresbudget von fünf Mrd. Dollar. Sie beeinflussen Agenturen mit gezielten Nachrichten, Fernsehspots und Rundfunkinterviews.[169] Wir reden hier noch nicht von der CIA, dem US Foreign Office, der NATO und den PR-Abteilungen der Rüstungsindustrie. Ihr aller Ziel ist, wie es ein internes NATO-Papier ausführt, die Tiefenindoktrination. In einer von der NATO finanzierten Studie des französischen Konteradmirals Francois du Cluzel heißt es, »Cognitive Warfare« ziele darauf ab, »jeden Menschen als Waffe einzusetzen.«[170] Die Kognitive Kriegsführung, so Cluzel, ist nicht nur »ein Angriff auf das, was wir denken, sondern auch ein Angriff auf die Art und Weise, wie wir denken, wie wir Informationen verarbeiten und wie wir sie in Wissen umsetzen.« Der Verstand insgesamt soll gefügig gemacht werden. »Das Gehirn«, so die Studie, »wird das Schlachtfeld des 21. Jahrhunderts.«

Mit dem Einmarsch Russlands in die Ukraine am 24. Februar 2022 begann in den NATO-Staaten eine Propaganda-Kampagne unvorstellbaren Ausmaßes: »Eine ganze Armada an Mitarbeitern von Geheimdiensten, staatlichen Pressestellen, Lobbyorganisationen und Redaktionen waren Tag und Nacht mit der Steuerung der öffentlichen Wahrnehmung und Diskussion beschäftigt.« Eine »staatlich finanzierte Zensur-Industrie« manipuliert unsere Wahrnehmung und führt einen Krieg im informationellen Raum.[171]

Dabei wird vor allem die »Spiegelbild-Technik« angewendet: Eigene Handlungen werden nach diesem »180-Grad-Prinzip« der anderen Seite zugeschrieben: Wird das von Russen besetzte AKW Saporoschje beschossen, dann meldet Kiew, die Russen hätten sich selbst beschossen. Erreichen Meldungen die Öffentlichkeit, schon mehr als 100.000 ukrainische Soldaten seien gefallen, wird einfach diese Verlustzahl auf russischer Seite behauptet. Zerstört die ukrainische Armee in aussichtslosen Straßenkämpfen nach dem Prinzip der verbrannten Erde Städte wie Bachmut oder Mariupol, statt sich zurückzuziehen, dann waren die Russen schuld; dass russische Bautrupps inzwischen ganze Stadtviertel wieder aufgebaut haben, wird unterschlagen. Die Sprengung des Kachowka-Staudamms – die das ukrainische Militär vorher ankündigte und die überwiegend zu Überschwemmungen in den von Russland kontrollierten Gebieten führte, wird gegen jede Logik den Russen untergeschoben.[172]

Damit dies nicht auffällt, verbreiten die westlichen Medien fast immer nur die Kiewer und NATO-Sichtweise, auch wenn dies mit der Realität nicht übereinstimmt. Die russische Perspektive wird unterschlagen. Wer beide Seiten darstellt, wird von der Propaganda-Presse bekämpft. Die sozialen Netzwerke Facebook und X haben die Offenlegung ukrainischer Verbrechen unter dem Vorwand der »Hassrede« systematisch blockiert, erlauben aber den Aufruf zur Gewalt gegen Russen.[173] Im Fernsehsender n-tv kann der russische Oppositionelle Leonid Wolkow zur »Vernichtung« von Wladimir Putin aufrufen, während jene, die ein ausgewogenes Urteil wagen, wegen »Rechtfertigung eines Angriffskrieges« oder »Volksverhetzung« juristisch und medial drangsaliert werden.[174] So wird nicht nur verhindert, dass sich die Mediennutzer ein eigenes Urteil bilden; auch Kritiker der NATO-Kriegsbeteiligung werden eingeschüchtert.

Dieser Angriff aufs Gehirn wird in den Medien transportiert von Chefredakteuren und Ressortleitern, die die Vorgaben machen. Transatlantische Seilschaften durchziehen das gesamte journalistische Feld und haben es fest im Griff. Auf allen Ebenen finden sich Jungredakteure oder Altvordere, die sich dem German Marshall Fund, dem Center on the United States and Europe der Brookings-Institution, den Stiftungen des Milliardärs George Soros und anderen transatlantischen Organisationen verpflichtet sehen. Dies zeigt, wo die eigentlichen Drahtzieher der Zensur- und Denunziationsöffentlichkeit sitzen.

Damit ist keineswegs gemeint, dass die Akteure Anweisungen aus Langley erhalten. Vielmehr belegt die Eilfertigkeit ihres Handelns, dass sie sich selbst in einer Art Bringschuld sehen, die es abzuarbeiten gilt. Denn immerhin geht es um Tagungs-Einladungen, Stipendien,

Recherche-Reisen oder die Bewilligung von Forschungsprojekten. Solche Journalisten und Wissenschaftler nennt der frühere Ministerialdirektor in der US-Gesundheitsbehörde, David Michaels, »science-for-sale specialists« – Wissenschaftler, die für Geld zu haben sind.[175] Damit gemeint sind nicht unbedingt direkte Zahlungen. Man glaubt, dass es besser für die eigene Karriere ist, sich als Legitimations-Akquisiteur für amerikanische Interessen zu betätigen.

Diese transatlantischen Wendehälse in Wissenschaft und Medien fügen sich ein in den Reigen jener politischen Institutionen in Europa, die von den Interessen der US-Neocons gekapert und manipuliert wurden. Der zentrale Hebel dabei ist die Förderung befreundeter Politiker sowie hilfreicher Akademiker und Journalisten über Organisationen wie Young Global Leaders, Stiftungen und Think Tanks wie den German Marshall Fund, das National Endowment for Democracy, den Council on Foreign Relations, das Carnegie Endowment for International Peace, den Atlantic Council oder die Hoover Institution der Stanford University. Bestes Beispiel ist die grüne Partei, die ihre politischen Wurzeln in der Friedensbewegung gekappt hat und unter Führung von Joschka Fischer und Annalena Baerbock zur führenden Kriegspartei und zu einem Verbündeten der US-Neocons geworden ist.[176]

Antirussische Propaganda

So schleichen sich die klassischen Elemente der Propaganda als angebliche Wahrheiten in die Öffentlichkeit. Große Presseunternehmen tragen für diese Entwicklung ebenfalls Verantwortung: »Statt die Ereignisse für ihre Leser angemessen in den Zusammenhang zu stellen, posaunen sie lieber regierungsamtliche Narrative heraus. Was auch immer ihre Motive sind, die Mainstream-Medien setzen die Herrschaft der Propaganda durch, welche die Öffentlichkeit fehlinformiert und die von Russland nur als Affront gegen den Nationalcharakter des russischen Volkes verstanden werden kann. Online-Medien machen meist dasselbe. Es findet in Wirklichkeit sowohl in den USA als auch in Europa eine massive Zensur abweichender Standpunkte auf vielen Ebenen der Gesellschaft statt. Obwohl es kaum möglich ist, die schrecklichen Bilder aus der Ukraine zu ertragen ohne Ekel und Wut, ist es doch ein gefährlicher Irrtum, blindem Affekt zu erliegen und sich an das dominierende westliche Narrativ zu klammern. Dieses Narrativ fördert die am stärksten militaristischen und russophoben europäischen Regierungschefs, sowie jene, die sich am wenigsten trauen, der fehlgeleiteten US-amerikanischen Politik entgegenzutreten. Dieses Narrativ vernebelt die Sinne der europäischen und amerikanischen Staatsbürger und führt nur zu Hurrapatriotismus und Kriegshysterie.«[177]

Bei Anne Morelli kann man nachlesen, wie diese Kriegshysterie durch Propaganda gefördert wird. Auch und vor allem durch jene Propaganda, die von der Nato angewandt wird: 1. Der Kreml ist schuld an allem, er hat ja schließlich ein schwächeres Nachbarland überfallen. Wir wollen eigentlich gar keinen Krieg. 2. Es handelt sich um einen »unprovozierten« Angriffskrieg: Der Gegner ist einzig und allein verantwortlich für diesen Krieg. 3. Putin ist ein Faschist, ein Schlächter. Der Feind hat die Fratze des Teufels – oder zumindest eines Bösewichts. 4. In der Ukraine wird für »westliche Werte« oder »die Freiheit« gekämpft. Die wirklichen Interessen werden mit ehrenvollen, höheren Zielen verschleiert. 5. Der Feind begeht absichtlich abscheuliche Kriegsverbrechen – wie in Butscha. Wenn unsere Leute Fehler machen, dann ist es dumm gelaufen. 6. Wir haben kaum Verluste, aber der Feind hat enorme Verluste. Das hört man nun auf beiden Seiten, die tatsächlichen Zahlen sind geheim.

7. Wir kämpfen für eine gute Sache: Der Gegner muss verlieren lernen, wir sind moralisch ja im Recht. 8. Auch Dichter und Denker unterstützen unsere Sache. 9. Der Feind setzt international geächtete Waffen ein, Uranmunition, Giftgas, biologische Waffen, Streubomben. 10. Wer unsere Propaganda in Frage stellt, ist ein Putin-Versteher, ein Lumpen-Pazifist, ein Unterwerfungs-Pazifist, ein rechtsoffener Querfront-Agitator, die 5. Kolonne Moskaus.[178] In dieses Propaganda-Narrativ bin ich als Rechercheur hineingeraten. Denn eines darf auf gar keinen Fall passieren: dass die Wahrheit über diesen Krieg bekannt wird. Deshalb muss der Reporter vor Ort als Feigenblatt der Aggressoren und Unterstützer eines Angriffskrieges hingestellt werden. Das Ziel ist, seine Glaubwürdigkeit durch Denunziation und politische Säuberungsmaßnahmen zu untergraben. Denn auf keinen Fall dürfen die eigenen Schandtaten, die eigene Mitverantwortung, die eigenen Interessen und das Leiden der anderen in die deutschen Wohnzimmer gelangen. Dies würde den Menschen ermöglichen, was die Propaganda unterläuft: Die Realitätsprobe. Statt Kriegsbesoffenheit käme dann Ernüchterung. Propaganda funktioniert dann besonders gut, wenn die Menschen selbst keine Kenntnisse haben.

Zum Propaganda-Narrativ gehört es, wesentliche historische Fakten im Zusammenhang mit diesem Krieg auszublenden oder zumindest in den Hintergrund zu drängen. Hier, ohne Anspruch auf Vollständigkeit, sind die wichtigsten: 1. Die Nato-Osterweiterung bis an die russischen Grenzen trotz anderslautender Zusagen; 2. Der Putsch auf dem Maidan und die dafür verantwortlichen Drahtzieher um Victoria Nuland; 3. Die Prahlerei des damaligen Vizepräsidenten Joe Biden darüber, wie er mit finanzieller Erpressung die ukrainische Regierung gezwungen hat, einen Staatsanwalt zu feuern, der eine Korruptionsaffäre um ein Energieunternehmen mit Präsidentensohn Hunter Biden im Vorstand ermittelt hat;

4. Die Produktionsstätten für biologische Waffen in der Ukraine; 5. Das neonazistische Asow-Bataillon und ähnliche Organisationen; 6. Die Selbstbereicherung und das geheime Auslandsvermögen von Präsident Selenskij; 7. Menschenrechtsverletzungen in der Ukraine; 8. Selenskijs Gesetze zur Einschränkung der Meinungsfreiheit und zum Verbot von Parteien; 9. Die Repressalien gegen die russisch-orthodoxe Kirche; 10. Die endemische Korruption in der Ukraine.[179] 11. Die Blockierung eines bereits unterschriftsreifen Friedensabkommens, das zwischen den Kriegsparteien im März in Istanbul ausgehandelt worden war – wofür es mindestens sechs hochrangige Quellen gibt, fünf davon waren am Verhandlungsprozess beteiligt.[180]

Wesentliches Element dieser Propaganda-Maschinerie ist der pro-ukrainische Geschichtsrevisionismus. Er wird u. a. orchestriert von der Deutsch-Ukrainischen Historikerkommission, die vom Deutschen Akademischen Austauschdienst getragen wird und damit als staatlich finanziert gelten kann. Ihr gehören auch Frau Prof. Ricarda Vulpius von der Universität Münster und Frau Dr. Anna Veronika Wendland vom Herder-Institut an. Letztere ist mit einem Ukrainer verheiratet. Beide haben die Pressekampagne gegen meinen Auftritt im Stadttheater Kamenz ausgelöst. Das Beschwerdeschreiben an den dortigen Oberbürgermeister Roland Dantz – und gleichzeitig an die Presse – nennt drei Kernelemente des ukrainischen Geschichts-Revisionismus:

»1. Auf dem Maidan 2013/2014 gab es keinen ›Putsch‹, sondern es gab eine Revolte – andere sagen auch Revolution – in deren Verlauf die pro-russische Regierung unter Wiktor Janukowitsch gestürzt wurde, die sich allerdings vorher mannigfache Menschenrechtsverletzungen hatte zu Schulde (!) kommen lassen, unter anderem durch ein Blutbad unter Protestierenden mit über 100 Opfern... Die Behauptung, auf dem Majdan hätten die USA oder CIA eine ihnen genehme Regierung ins Amt geputscht, ist unwahr.

2. Im Donbass gab es keinen ›Bürgerkrieg‹. Es gab im Winter und Frühjahr 2013/2014 eine signifikante und auch legitime Positionierung vieler Donbas-Bewohner und Janukowytsch-Anhänger gegen den Majdan. Es handelte sich um ein absolut marginales Projekt – bis Russland im Donbass eingriff. Der Krieg im Donbas wurde durch eine gewaltsame Injektion der Gewalt durch Russland mittels rechtsextremer Milizen und regulärer Armee ohne Hoheitsabzeichen begonnen. Als die Regierung in Kiew von ihrem legitimen Recht Gebrauch machte, dieses Projekt auf ukrainischem Territorium zu stoppen, kam es zur bewaffneten Auseinandersetzung. So ist das mit Kriegen: Marschiert einer ein, ist es eine Besatzung. Wehrt sich der Angegriffene, wird es ein Krieg.

3. Es gibt keinen ›Stellvertreterkrieg zwischen Russland und der NATO‹. Wenn die Ukraine angeblich für die NATO ›stellvertretend‹ Krieg führt – wer sollte dann für Russland der ›Stellvertreter‹ sein? Was es aber gibt, ist ein völkerrechtswidriger Landnahmekrieg Russlands gegen die Ukraine aus nationalistischen und revisionistischen Motiven, gepaart mit dem Motiv des Machterhalts im Innern... Das Ziel Russlands ist nicht die Verdrängung der NATO aus der Ukraine oder die Neutralität der Ukraine. Die NATO war nämlich nie in der Ukraine und die Ukraine nicht in der NATO.«[181]

Alle drei Behauptungen sind nachweislich falsch. Die Studie von Ivan Katschanowski von der Universität Ottawa belegt eindeutig – wie auch der Beitrag von Stephan Stuchlik und anderen im ARD-Magazin Monitor – dass die Schüsse auf dem Maidan vom Rechten Sektor ausgingen.[182] Der italienische Journalist Gian Micalesin hat drei georgische Scharfschützen ausfindig gemacht. Sie bestätigen die Vorgänge und machen detaillierte Angaben zur Befehlskette und dem Tathergang. Sie nennen Namen der Befehlshaber, darunter der amerikanische Spezialkräfte-Soldat Brian Christopher Boyenger als Instrukteur,

 Führer der georgischen Legion Mamuka Mamulashvili, den früheren Präsidenten Miheil Saakashvili und den Parlamentsabgeordneten und Waffenhändler Serhiy Pashinsky. Für sich selbst machen die Georgier Befehlsnotstand geltend.[183]

Untersuchungen von Serhiy Kudelia und anderen zeigen, dass der Bürgerkrieg im Donbass nicht durch russisches Militär ausgelöst wurde, sondern die Furcht vor rechtsextremen und ultranationalistischen Milizen zur Bildung von Selbstverteidigungs-Komitees geführt hat, also eine Reaktion auf die Maidan-Schüsse war.[184]

Dass es sich beim Krieg in der Ukraine um einen Stellvertreterkrieg zwischen Russland und der NATO handelt, belegen öffentliche Darstellungen von NATO-Generalsekretär Jens Stoltenberg selbst: Vor dem EU-Parlament erklärte er im am 7. September 2023, dass es beiden Seiten in der Ukraine um die NATO-Osterweiterung geht.[185] All dies wird durch den aktuellen Forschungsstand, beispielsweise durch die Arbeit von Nikolai N. Petro von der Long Island University, bestätigt.[186] Dies betrifft auch die Tatsache, dass es sich hier um einen Stellvertreterkrieg handelt, in dem die Ukrainer für US-amerikanische Interessen sterben.[187]

Der Geschichts-Revisionismus sorgt dafür, dass die Realität den Trugbildern der Propaganda weicht: Die Vorgeschichte des Krieges, die wirtschaftlichen und politischen Interessen, die Profiteure und die Korruption, das Leiden der Menschen im Krieg – all das verschwindet im Nebel der Lügen. Die Propaganda fällt auf den fruchtbaren Boden des identitären Denkens – »wir sind die Guten!«[188] – und bestärkt das irrationale Gefühl eigener Überlegenheit. Dies wiederum führt in »die häufigste und tödlichste Selbstverblendung: die Unterschätzung des Gegners«.[189]

Alle diese genannten Propaganda-Märchen werden nicht im Wege der Recherche kritisch geprüft, sondern begierig aufgesaugt und verbreitet von ungebildeten,

sensationslüsternen und karrieregeilen Jungredakteuren.
Sie werden vorgeschickt von leitenden Redakteuren und Abteilungsleitern, die transatlantischen Organisationen und Pro-NATO-Kreisen verpflichtet sind und in der Deckung bleiben.

Angesichts dessen beklagt Noam Chomsky den Zusammenbruch des demokratischen Debattenraums: »Vielleicht sind Teile der intellektuellen Klasse so tief in das Propagandasystem eingetaucht, dass sie die Absurdität dessen, was sie sagen, gar nicht wahrnehmen können. Wie auch immer, es ist eine drastische Erinnerung daran, dass die Arena des rationalen Diskurses genau dort kollabiert, wo Hoffnung bestehen sollte, dass sie verteidigt wird.«[190] Also in akademischen und journalistischen Kreisen.

Journalistische Psychologie

Warum diese Propaganda-Märchen es bei den Gatekeepern, also denen, die zwischen Publikation und Papierkorb entscheiden, so einfach haben, das hat viel mit der ganz persönlichen »déformation professionelle« der Journalisten zu tun, also mit der psychischen Verfassung der Lohnschreiber.

Sie schreiben für andere, maßen sich die Größe an, anderen die Welt zu erklären, präsentieren sich in der Hülle der Meldung, der Reportage, des Berichts auch immer selbst. Der Journalismus ist ein darstellender Beruf, und solche Berufe ziehen narzisstische Selbstdarsteller an. Der Journalismus ist ein narzisstischer Beruf.

Sigmund Freud beschreibt in seiner Studie zur narzisstischen Persönlichkeit »zwei fundamentale Charakterzüge«, nämlich »den Größenwahn und die Abwendung ihres Interesses von der Außenwelt ... Die der Außenwelt entzogene Libido ist dem Ich zugeführt worden.«[191] Die von Freud erwähnte Abwendung von der Außenwelt kann den partiellen Realitätsverlust erklären, der in der Ausblendung fast aller wichtigen Fakten erkennbar wird, die in diesen Krieg geführt haben. Erst dieser Realitätsverlust ermöglicht die größenwahnsinnige Selbstermächtigung, mit angeblichen Putin-Sympathien den Debattenraum abstecken und andere des Spielfelds verweisen zu wollen. Der narzisstische Sozialcharakter scheint im Journalismus seine zweite Heimat zu finden.

Christopher Lasch betrachtet den Narzissmus als die kongeniale Krankheit der neoliberalen Epoche und macht so aus einer Persönlichkeitsstörung eine Gesellschaftsdiagnose. Die narzisstische Reaktion werde ausgelöst von den kriegsähnlichen Bedingungen, die in der neoliberalen Gesellschaft herrschen, aus den Gefahren und der Unsicherheit, die uns umgeben, und aus dem Verlust des Vertrauens in die Zukunft.[192] Im Kern verantwortlich ist aber die neoliberale Verschiebung der Verantwortung für Fehlschläge im Leben auf die individuellen Akteure.[193]

Den »neuen Narziss« charakterisiert Christopher Lasch so: »Er verliert die Sicherheit von Gruppenloyalitäten und versteht jeden als Rivalen um die Vergünstigungen, die ein paternalistischer Staat zu vergeben hat. Einerseits in seinem Verlangen nach Anerkennung und Bewunderung von ungestümem Konkurrenzdenken geprägt, misstraut er dem Wettbewerb doch, weil er ihn unbewusst mit ungezügeltem Zerstörungsdrang assoziiert… Er lobt Zusammenarbeit und Teamwork, während er zugleich tiefsitzende antisoziale Impulse verbirgt. Er predigt Respekt für Regeln und gesetzliche Vorschriften im heimlichen Glauben, dass sie auf ihn selbst gerade nicht gelten. Habsüchtig in dem Sinne, dass seine Erwartungen und Ansprüche unermesslich sind, …verlangt er nach unverzüglicher Befriedigung seiner Wünsche und lebt in einem Zustand ruhelosen, ewig unbefriedigten Begehrens.«[194]

Ruheloses Begehren; Konkurrenzdenken; Habgier; tiefsitzende antisoziale Impulse – das sind Kernbegriffe der Diagnose. Wenn dann die Objektbesetzung nicht so funktioniert, dass der oder das andere ihn mit Bewunderung, Zustimmung, Akklamation spiegelt, ihm nicht begeistert zujubelt, seine Vorurteile überhöht, um sein fragiles Ich zu stabilisieren, dann wandelt sich die narzisstische Objektbesetzung in einen gehässigen, »bösen Blick«[195] Es kommt zu einer »Aggressionsverschiebung«[196]: Die gekränkten Narzissten hinterm Schreibtisch verachten sich unterschwellig für ihre Feigheit, ihre Anpassungsbereitschaft. Diese Selbstverachtung wird zu Gehässigkeit gegenüber den Journalisten vor Ort im Kriegsgebiet. Der Feigling neidet dem Couragierten den Mut; der Angepasste neidet dem Unangepassten die Unangepasstheit; der Selbstbesoffene neidet dem Aufklärer die Nüchternheit.

Größenwahn und Abwendung von der Außenwelt haben im Journalismus zwei Konsequenzen: die eine ist die Anlehnung an das herrschende redaktionelle Meinungsklima, damit Gruppen-Loyalität die Selbstüberhöhung stabilisiert; die andere ist der Verzicht auf die Realitätsprobe. Recherche wird zum Luxus. An ihre Stelle treten innerredaktionelle Allianzen. Es geht darum, mehr Profit aus einer Situation zu ziehen als die Konkurrenz. An den Börsen der Lebenspolitik, so Zygmunt Bauman, zahle sich Solidarität nicht aus; »stattdessen prämieren sie Selbstbezüglichkeit, Egoismus und antisoziale Formen der Selbstbestätigung... Der Erfolg jedes anderen Menschen fühlt sich wie meine Niederlage an und vermindert zudem noch meine ohnehin schon mageren Chancen, ›nach oben zu kommen‹«.[197]

Damit ist der narzisstische Sozialcharakter wie geschaffen für die Affirmation bestehender Herrschaftsverhältnisse. Denn die ersehnte libidinöse Befriedigung, Anerkennung und Bewunderung, erreicht er im Gefüge der Herrschaft. Persönliche Anerkennung und materielle Gratifikation verteilen die jeweils Mächtigen im Apparat.

 Sie lassen damit den narzisstischen Sozialcharakter symbolisch an ihrer Herrschaft teilhaben und promovieren seinen sozialen Status, wofür er den Realitätsverlust wiederum gerne in Kauf nimmt.[198]

Psychoanalytisch betrachtet handelt es sich hier auch um einen Regress in den ungelösten ödipalen Konflikt: Die Emanzipation von den Eltern findet nicht mehr statt; man vertraut den Autoritäten grundsätzlich. Damit wird der ödipale Konflikt nicht mehr ausgetragen. Vielmehr wird er blockiert unter tätiger Mitwirkung der Eltern, die den Ablösungsprozess durch Idealisierung ihres Nachwuchses unterlaufen. Die Rückkehr in den Mutterleib wird zur höchsten Form der Freiheit – ein politisch gefährliches Retrotopia.

»Warum«, fragen Gilles Deleuze und Félix Guattari, »kämpfen die Menschen für ihre Knechtschaft, als ginge es um ihr Heil?«[199] Damit hat das identitäre Denken ein psychotisches Unterfutter. Der blockierte ödipale Konflikt ist die seelische Grundlage der antidemokratischen Gesinnung. Denn jede Demokratie ist dem Misstrauen gegenüber den Machteliten geschuldet, gründet in der jahrhundertelangen Erfahrung mit dem Machtmissbrauch der Eliten und erfordert die aktive Einhegung von Macht.

Wie ein Untoter kehrt damit im narzisstischen Sozialcharakter die autoritäre Persönlichkeit zurück und wird zum eilfertigen Stützen des Status quo. Die Flucht aus der volatilen, von Mächtigeren abhängigen Existenz in die Anpassung verursacht eine autoritäre Wende des narzisstischen Charakters und macht ihn zu einem ebenso gefährlichen Helfer nicht demokratisch legitimierter Herrschaftsverhältnisse wie der traditionelle autoritär strukturierte Sozialcharakter, der durch Konformismus, Konventionalismus, Anti-Pluralismus, Unterwürfigkeit und Gehorsam, Machtorientierung und Autoritätsgläubigkeit sowie einem sadomasochistischen Verhältnis zu anderen geprägt ist.[200]

Im Journalismus ist also der weit verbreitete narzisstische Sozialcharakter mit seinen Charakteristika Selbstüberhöhung und Realitätsverlust ein Treiber von Propaganda, medialen Denunziations-Kampagnen und Kriegshysterie.

Digitaler Kapitalismus

Alle diese Faktoren sind zu betrachten vor dem Hintergrund einer grundlegenden Veränderung der Produktionsverhältnisse: vom Neoliberalismus zum digitalen Kapitalismus. Die Digitalisierung verändert die Medienlandschaft grundlegend, sowohl auf der Produzenten- als auch auf der Konsumentenseite, sowohl mit Blick auf die Medien als Wirtschafts- als auch als Kulturgut. Diese Veränderungen potenzieren und akzelerieren Medienkampagnen und sie erleichtern die Arbeit der Propaganda-Medien.

Dazu muss man verstehen, dass sich Wertschöpfung und Warenzirkulation radikal verändern. Im Zentrum stehen nun proprietäre Märkte. Ihre Leitunternehmen sind Google, Apple, Facebook, Amazon, allesamt Monopole. »Klassische Monopolunternehmen agieren auf Märkten«, so Philipp Staab, »die Leitmedien des digitalen Kapitalismus hingegen SIND Märkte«.[201] Der Markt selbst wird privatisiert. Das ist ein konstitutiver Unterschied zur neoliberalen Ideologie, in deren Zentrum neutrale Märkte stehen: Die dominanten Märkte befinden sich in Privatbesitz. Entscheidend für sie ist die Reichweite, also die Größe des Nutzer-Stammes. Um Reichweite zu generieren, werden die Angebote aus anderen Geschäftsfeldern quersubventioniert. Die Konsumenten werden mit vordergründigen Umsonst-Angeboten geködert, die sie aber hinterrücks mit der Abgabe ihrer Daten bezahlen. Anders als klassische Monopole zeigt sich die Macht des Marktbesitzers und damit sein Profitmodell in vier Formen der Kontrolle: erstens in Informationen, dem zentralen Rohstoff; zweitens in Zugangskontrolle nach eigenem Ermessen; drittens in der Wahl der Leistungen; viertens in der Preiskontrolle – und zwar in Richtung auf Produzenten und Konsumenten.

Der zentrale Rohstoff dieser proprietären Märkte sind Nutzerdaten. Über das Sammeln und Aggregieren von Daten läuft die Wertschöpfung. Dies wirkt wiederum sowohl auf der Produzenten- als auch auf der Konsumentenseite. Auch in der Produktionssphäre werden die Nutzerdaten abgeschöpft: Der Journalist denkt, er durchsucht das Netz mit Google; aber Google durchsucht ihn. Dies ermöglicht nicht nur Verhaltens- und Leistungskontrolle, sondern auch prognostische Verhaltenslenkung über die bereitgestellten Suchergebnisse. Während der Journalist glaubt, er fände im Netz schier alles, werden ihm doch nur jene Ausschnitte der Welt präsentiert, die den Upload-Filter privatisierter Auswahl und Zensur durchlaufen haben. Das Ergebnis ist ein digitaler Realitätsverlust, der nur denen auffällt, die abseits des Mainstreams suchen oder vor Ort die Probe aufs Exempel machen.

Nachdem der Neoliberalismus die Beschäftigungsverhältnisse im Journalismus schon weitgehend liberalisiert und prekarisiert hat, kommen nun neue Risiken und Leistungsverdichtungen hinzu: Internet und Social Media müssen meist mit gleichem Personal versorgt werden. An eine gründliche Prüfung auch außerhalb des Netzes ist kaum noch zu denken. Während also die Daten- und Profit-Kaskaden nach oben hin zu den Plattformen fließen, fließen die »Risiko-Kaskaden« vor allem nach unten.[202] Zur Aufmerksamkeits-Lenkung und Kontrolle kommt die Beschleunigung des Informationsflusses und bietet mehr vom Gleichen. Dies verkürzt die Aufmerksamkeitszeiten und führt zu Oberflächlichkeit. Statt Recherchieren dominieren Subjektivieren, Skandalisieren, Denunzieren.

Aufklärung weicht dem Anheizen von Ressentiments als Geschäftsmodell, womit, so Joseph Vogl, »das Ressentiment zu einem integralen Bestandteil kapitalistischer Affektökonomie geworden ist.«[203]

Auf der Konsumentenseite ermöglichen das Internet und die sozialen Medien – X, Facebook, Instagram – eine schnelle unmittelbare Reaktion. Man liest Nachrichten auf dem Smartphone in der U-Bahn. Auch hier sinkt die kognitive Aufmerksamkeitsspanne. Dies erleichtert es dem Affekt, sich vor die gründliche Durchdringung und Abwägung der Themen zu schieben. Vernunftgeleitete Reaktion und Verarbeitung treten hinter Schnelligkeit und Emotionalisierung zurück. Wolf-Dieter Narr sah hier bereits vor Jahrzehnten einen langfristig wirkenden Verhaltenswandel, der endet »in einem Schwund der individuell gegebenen Reflexions- und Verarbeitungsmechanismen«: »Reize und Erwartungen erzeugen Antworten, ohne dass der einzelne zur eigenen Verarbeitung, zur Wahl, zum Widerstand in der Lage wäre.« Damit gehen die Kontrollkriterien und -informationen verloren; der Einzelne kann die Komplexität der Informationsfülle nur reduzieren, indem er ihr vertraut. Narr beschwört schon 1979 »die Gefahr einer Gesellschaft bedingter Reflexe«, genauer: »einer Gesellschaft widerstandsloser, im Saft ihrer irrelevanten Subjektivität ertrinkender, allenfalls zu irrationalen Ausbrüchen fähiger Individuen«.[204]

Diese Prognose gewinnt im Übergang vom Neoliberalismus zum digitalen Kapitalismus besondere Bedeutung. Denn, darauf hat Wolfgang Engler hingewiesen: »In allen vom Neoliberalismus umgegrabenen Gesellschaften herrscht massenhafte Wut.«[205] Sie richtet sich gegen die Machteliten, die Lohnabhänge zunehmend durch Sozialkürzungen, Privatisierung, Liberalisierung und eine Verschiebung der Verantwortung für die Lebensrisiken vom Staat auf die Individuen unter Druck gebracht haben. Bleibt diese Wut im alltäglichen Daseinskampf lange verkapselt, so wird die Emotionalisierung und Affektsteuerung der sozialen Medien zum Ventil der Triebabfuhr. Die Berichterstattung der Mainstream-Medien betreibt dieses Geschäft, unterschwellige Wut zu kanalisieren und zu lenken, weil es Klicks, Auflage, Werbeeinnahmen, Quote bringt.

Damit die Monetarisierung von Ressentiments überhaupt funktionieren kann, muss sie eine emotionale Nachfrage beim Publikum stimulieren. Orchestrierte Kampagnen der Presse greifen, weil sie andocken können an diese massenhafte Wut. Beide, Produzenten und Konsumenten, profitieren oberflächlich: die einen durch Klickzahlen, die anderen durch Triebabfuhr. »Logische Argumente«, so Heinz Abels, »sind ohnmächtig gegen affektive Interessen. Selbst die scharfsichtigsten Menschen benehmen sich wie Schwachsinnige, wenn eine verlangte Einsicht einem Gefühlswiderstand begegnet.«[206] Auf diese Weise ist ein neues mediales Verwertungsmodell entstanden. Es ist nicht mehr in erster Linie informationsbasiert, sondern ressentimentgetrieben.

Charakteristisch ist die Entgleisung der Politikwissenschaftlerin Florence Gaub im April 2022 in der Talkshow Markus Lanz. Dort erklärte sie einem Millionenpublikum: »Wir dürfen nicht vergessen, auch wenn Russen europäisch aussehen, dass es keine Europäer sind – jetzt im kulturellen Sinne – die einen anderen Bezug zu Gewalt haben, die einen anderen Bezug zu Tod haben ... da geht man einfach anders damit um, dass da Menschen sterben.«[207] Der Subtext dieser Formulierungen lässt sich in drei Punkten zusammenfassen: 1. Russen sind keine Europäer, also das Andere, Fremde, Bedrohliche, das wir von uns fernhalten müssen. Wir sind die Guten, die Russen die Bösen! 2. Russen sind »im kulturellen Sinne« minderwertig, zivilisatorische Rücksichtnahmen sind bei ihnen fehl am Platz. 3. Russen sind gewaltsam und kriegerisch, wir müssen gegen sie Gewalt anwenden und Kriege führen.

All dies zeigt das menschenverachtende Gesicht des identitären Denkens. Hier kommt das nationalsozialistische Bild vom russischen »Untermenschen« zum Vorschein, der zwar so aussieht wie wir, aber im Grunde genommen doch »minderwertig« ist. Ähnliche Formulierungen finden sich auch in Adolf Hitlers »Mein Kampf« von 1925. Die Einlassungen von Florence Gaub lässt der Moderator unwidersprochen. Solche Sendungen sind übelste rassistische und russophobe Hetze und ein Verstoß gegen das Grundgesetz obendrein. Dort heißt es nämlich in Artikel eins: »Die Würde des Menschen ist unantastbar.«

Im Kern geht es hier also darum, tiefsitzende Ressentiments zu mobilisieren und zu monetarisieren. Oder kurz: um Hasserzeugung als Geschäftsmodell. Diese Monetarisierung von Ressentiments läuft v. a. über proprietäre Märkte. Dienste wie Twitter, heute X, auf denen sich fast ausschließlich die Meinungsbildung der Geschwätz-Eliten vollzieht, treiben dies an. Die Kürze erzwingt Zuspitzung und Kompression der Erregungskurven. Dies führt zu einer dauerhaft hysterischen Öffentlichkeit und in einen kommunikativen Kriegszustand. Die Hassobjekte sind austauschbar: Kriegsflüchtlinge, Außenseiter aller Art, insbesondere aber: die Russen. So wird nicht nur die Dämonisierung von Putin, sondern auch der antirussische Rassismus zum Geschäftsmodell. Die Journalisten heizen, so der Militär-Analyst Jacques Baud, mit ihren Lügen auf unmoralische und kriminelle Weise die Russophobie an: »Es besteht kein Zweifel daran, dass unsere Journalisten wegen vorsätzlicher Aufstachelung zum Hass vor Gericht zur Rechenschaft gezogen werden sollten... Anstatt Zurückhaltung zu üben, haben unsere Medien versucht, Öl ins Feuer zu gießen.«[208]

Man könnte sarkastisch sagen: Die Sitzredakteure brauchen kein Handwerk mehr, sondern Killer-Instinkt. Hier bildet sich, wie »Die Welt« völlig zu recht berichtet hat, eine Gruppe von Online-Journalisten heraus, die den Realitätskontakt verloren haben und sich als »journalistische Drohnenpiloten« gerieren: Zum Zweck einer Anreicherung der Klickzahlen werden Denunziationskampagnen gestartet, die Zielperson ins Visier genommen und mit kontextfreien Behauptungen belegt, ohne dass irgendwelche Kenntnisse zur Berichterstattungsregion, ihrer Geschichte und Kultur oder den besonderen Gegebenheiten im Kriegsgebiet vorliegen. Das herrschende Meinungsklima wird zum Maßstab der Berichterstattung erhoben und ersetzt eingehende Recherche.[209] Die Kritik verzichtet auf rational nachvollziehbare, intersubjektiv überprüfbare Argumente. Sie zielt darauf ab, Andersdenkende aus dem Debattenraum zu verbannen und damit den demokratischen Diskurs zu zerstören.

Mit dem neuen Wertschöpfungsmodell konstituiert sich ein neues soziales Herrschaftsverhältnis. Denn über die gesellschaftliche Machtverteilung entscheidet die Aneignung von Mehrwert im Arbeitsprozess. Philipp Staab schreibt von einer »Enteignung von Arbeit«: »Nachhaltige Profite lassen sich im Kontext schlanker digitaler Infrastrukturen zudem häufig nur auf Kosten der Arbeit erzielen ... Konsolidierte proprietäre Märkte verstetigen ... den Transfer ökonomischen Wohlstands vom Faktor Arbeit zum Faktor Vermögen.«[210] Damit ist der digitale Kapitalismus auch im Journalismus eine »Maschine zur Produktion sozialer Ungleichheit« und privilegiert politisch-zivile Konformität.[211]

Dies bedeutet, dass der Ausbeutungs- und Anpassungsdruck in den Redaktionen zunimmt und wiederum verstärkt vorauseilenden Gehorsam erzwingt. Anders ausgedrückt: Je mehr Journalisten im Sinne der Machteliten Russenhass produzieren, desto prekärer werden ihre Arbeitsverhältnisse. Aber gleichzeitig handelt es sich um einen »blockierten Konflikt«[212]: Auch die Nutzer erliegen dem Reiz des Ressentiments: Bei vielen mündet Aggressionsabfuhr in Russenhass. Sie verbleiben aber in der Rolle der Konsumenten von subventionierten Umsonst-Angeboten. Da sie insoweit »im digitalen Kapitalismus als Verbraucher subventioniert werden, während man sie als Arbeitende systematisch enteignet«,[213] haben sie wenig Neigung, soziale Konflikte auszutragen. Ein sozialer Protest gegen die Affektökonomie ist damit unwahrscheinlich.

Folgerungen

Die Synkrisis des deutschen Journalismus mit der Propaganda der NATO ist bestürzend, nicht nur im Blick auf die Primitivität der Tiefen-Indoktrination und ihre postfaktische Struktur, sondern mehr noch durch die blinde Unterwerfung unter ihren betont unduldsamen Ausschließlichkeitsanspruch. Aber dies zeigt nur das Maß der Selbstgleichschaltung, die von Talkshow-Moderatoren zu Intendanten, von Funkhausdirektoren zu Sitzredakteuren, von Auslandskorrespondenten zu Wald-und-Wiesen-Reportern reicht.

Beim Verzicht auf nüchterne Recherche und vernunftgeleiteten Verstand gleichermaßen unterscheiden sie sich lediglich in der Ausformung ihrer Aggressivität von anderen akademischen »Kopflangern« (Bertolt Brecht). Falsifikatorischen Killerinstinkt entwickeln sie lediglich bei der Ächtung von Dissens. Dies entlarvt die Würdelosigkeit der Medienmacher.[214]

Im Ergebnis werden wir von Fanatikern in Redaktionen desinformiert, die ihre eigenen Ressentiments mit der Wirklichkeit verwechseln. Sie wirken nahtlos zusammen mit ebenso transatlantisch korrumpierten Fanatikern in der Politik. Zusammen betreiben sie die Verstetigung der Kämpfe in der Ukraine und führen Europa in einen neuen Dreissigjährigen Krieg.[215]

Was der italienische Philosoph Antonio Gramsci für die Intellektuellen insgesamt dargelegt hat, charakterisiert auch die Rolle der Journalisten: »Die Intellektuellen haben die Funktion, die gesellschaftliche Hegemonie einer Gruppe und ihre staatliche Herrschaft zu organisieren ... Sie repräsentieren nicht mehr das kulturelle Selbstbewusstsein, die Selbstkritik der herrschenden Klasse; sie sind wieder zu unmittelbaren Agenten der herrschenden Klasse geworden.« Ihre »Daseinsweise ist die ›Redegewandheit‹ als Triebkraft der Affekte.«[216] Lohnschreiber, die bezahlt werden für die Mobilisierung der Affekte, für Kriegshetze als Voraussetzung für »Kriegstüchtigkeit« und den »Willen zum Kampf«.[217]

Damit ist der deutsche Journalismus auf dem Niveau einer Propaganda-Kompanie der Kriegstreiber angekommen. Dies zeigt sich vor allem im strategischen Framing: Bestimmte Fakten und Bewertungen werden wiederholt, andere unter den Teppich gekehrt: »Lügen durch Weglassen«. Ich habe 3sat und dem MDR 25-seitige Forschungsberichte geschickt, damit diese Leute einmal einen Begriff von den historischen Ursachen des Ukraine-Krieges bekommen. Das hat die nicht interessiert. Der Fokus lag auf Skandalisierung und Denunzierung. Aber hinter diesen freien Mitarbeitern, die Stücklohn erhalten und sich in finanzieller Abhängigkeit befinden, stehen leitende Redakteure, die sich wiederum transatlantischen Organisationen oder transatlantisch korrumpierten Parteien verpflichtet sehen und in der Deckung bleiben. Deshalb habe ich einem solchen aus dem Hintergrund gelenkten Mitarbeiter des MDR mit auf den Weg gegeben: »Wenn Lügen kurze Beine haben, dann sollte der MDR-Redakteur Martin Dietrich Rollsplitt meiden. Er könnte sich die Genitalien verletzen.«[218]

Upton Sinclair zitiert in seiner Studie zur Presse in den vereinigten Staaten von 1919 den langjährigen Redakteur und späteren Herausgeber der *New York Tribune*, John Swinton, der bei einem Bankett einen Toast auf die »unabhängige Presse« so beantwortete: »So etwas wie eine unabhängige Presse gibt es in Amerika überhaupt nicht, ausgenommen vielleicht in ländlichen Orten. Sie wissen das und ich weiß das. Es gibt niemanden unter Ihnen, der das Risiko auf sich nimmt, seine ehrlichen Überzeugungen zu schreiben, und wenn Sie es täten, wüssten sie im Voraus, dass es niemals in Druck gehen würde ... Das Geschäft des New Yorker Journalisten ist es, die Wahrheit zu zerstören, unverblümt zu lügen, zu verdrehen, zu diffamieren, dem

Mammon die Füße zu küssen und sein Geschlecht und sein Land für sein tägliches Brot zu verkaufen. Sie wissen es und ich weiß es, und wie dämlich es ist anzustoßen auf die ›freie Presse‹. Wir sind Werkzeuge und Knechte reicher Männer hinter den Kulissen. Wir sind ihre Hampelmänner; sie ziehen die Strippen und wir handeln danach. Unser Talent, unsere Möglichkeiten und unser Leben gehört anderen. Wir sind intelligible Nutten.«[219] Dies ist bis heute so geblieben.

Gemeinsam ist diesen Journalisten-Darstellern, dass sie nie in einem Kriegsgebiet waren, weder die Ukraine noch Russland aus eigener Betrachtung kennen, sich nie mit diesen Ländern beschäftigt haben und in vollendeter Untertanen-Mentalität das schreiben, was der Chef lesen möchte. Mit ihrem dummen Geplapper aus der Behaglichkeitszone fallen sie Reportern im Kriegsgebiet in den Rücken und setzen sie zusätzlichen Gefahren aus. Denn die Richtkanoniere können den Internet- oder Mobilfunkverkehr jener anpeilen, die – unter Druck gekommen – sich telefonisch oder per Mail um anwaltliche Hilfe an der »Heimatfront« bemühen müssen. Pointiert darf man sagen: Transatlantisch korrumpierte Schreibtischtäter in Redaktionen geben Reporter im Kriegsgebiet zum Abschuss frei.

Dies zeigt, in welchem Maß im heutigen Journalismus ethische Maßstäbe missachtet werden, wie weit sich die Berichterstattung von der Realitätsprobe vor Ort hin zum postfaktischen Skandalisieren verschoben hat und wie tief die Berichterstattung der Mainstream-Medien, auch der öffentlich-rechtlichen, in das Propagandasystem der NATO verstrickt ist. In der ganzen Welt sind die geostrategischen und wirtschaftlichen Kriegsgründe bekannt. Nur die Kinder des gehobenen Bürgertums in deutschen Redaktionen wollen sie nicht zur Kenntnis nehmen.

Dieses »Lügen durch Weglassen«, das offensichtliche Primat der Propaganda, vertieft die Legitimationskrise sowohl der Konzern- als auch der öffentlich-rechtlichen Medien. Die allzu offensichtliche Einseitigkeit der Berichterstattung führt dazu, dass sie Marktanteile verlieren. Denn viele Menschen wenden sich den sogenannten alternativen Medien zu. Je mehr sie wirtschaftlich unter Druck geraten, desto aggressiver werden die traditionellen Medien.

Je stärker der Westen im Stellvertreterkrieg in der Ukraine militärisch unter Druck gerät, je mehr die Sanktionen gegen Russland Europa auf wirtschaftliche Talfahrt schicken, desto aggressiver reagieren die staatsnahen Propaganda-Medien. Nicht Russland, sondern der Westen hat sich durch den Krieg in der Ukraine weltweit isoliert. Die Nervosität der Politik schwappt über in den medialen Propaganda-Komplex.

In der Folge erleben wir eine zunehmende Spaltung der Öffentlichkeit. Der Trend zur Zensur- und Denunziationsöffentlichkeit verstärkt sich. Denn dem zunehmenden Legitimationsverlust versuchen Staaten und supranationale Organisationen mit Zensur gegenzusteuern. Dabei greift man auch auf die repressiven Staatsapparate zurück: Die Justiz wird instrumentalisiert, um den Propaganda-Medien in Gerichtsurteilen eine »Lizenz zum Lügen« zu erteilen. Die Zensur wird teilweise auf Konzerne übertragen und damit privatisiert. Die AGB werden dadurch wichtiger als die Grundrechte.

Damit erleben wir einen neuen Strukturwandel der Öffentlichkeit. Die »Involution« der Öffentlichkeit geht dabei über eine »Refeudalisierung«[220] hinaus. Denn der öffentliche Raum wird in der Plattform-Ökonomie privatisiert und damit demokratischer Regulierung entzogen. Die Produktion von Öffentlichkeit findet nicht mehr auf Märkten statt; in der digitalen Ökonomie sind die Produzenten selbst der Markt. Die Privatisierung der Zensur wird zum Kernelement bei der Eskamotierung demokratischer Öffentlichkeit. Die Zerschlagung der demokratischen Öffentlichkeit geht der Zerschlagung der Demokratie voraus. Die Presse selbst ist in diesem Prozess nach innen das wichtigste Zensur-Organ und nach außen der wichtigste Kriegstreiber geworden. Der postfaktische Journalismus ist auch ein postdemokratischer Journalismus.

Wenn aber die Medien selbst zum gefährlichsten Kriegstreiber mutieren und damit das Friedensgebot des Grundgesetzes verletzen; wenn die Medien selbst dissidentische Positionen unterdrücken, somit wie das schärfste Zensur-Organ wirken und damit die Meinungs- und Informationsfreiheit nach Art. 5 GG zerstören – dann werden jene zu Verteidigern der grundgesetzlichen Meinungs- und Informationsfreiheit, die sich mit dieser antidemokratischen Presse nicht mehr einlassen und alternative Medien aufbauen und nutzen.

Die mediale Kapitalisierung von Ressentiment führt zu einer kontinuierlichen Hysterisierung der Öffentlichkeit. Sie mündet in Rassismus und Russophobie. Damit einher geht ein »Rückfall der Aufklärung in Mythologie«[221]. Wir befinden uns in einem Zeitalter der Gegenaufklärung, der Infantilisierung und Moralisierung der öffentlichen Debatte. Das »Zeitalter der medialen Massenverblödung«[222], so Peter Scholl-Latour, in dem Europa seine Zukunft verspielt, hat längst begonnen. Das Ressentiment wird zur Triebkraft der Öffentlichkeit im digitalen Kapitalismus. Dies ist, wie Joseph Vogl meint, »das Ferment einer neuen Vorkriegszeit«.[223] Anders ausgedrückt: Es ist die psychologische Vorbereitung neuer Kriege.

Die Kriegstreiber in Politik, Medien, Akademien und Wirtschaft hetzen die Menschen in Deutschland immer tiefer in einen Krieg hinein, der leicht hätte verhindert werden können, wenn die NATO dies gewollt hätte. Doch der Westen hat die Friedensbemühungen der ukrainischen Führung im Februar[224], im März[225] und im August[226] 2022 torpediert. Deshalb schüttelt die gesamte restliche

Welt den Kopf über die Parole vom »unprovozierten Angriffskrieg«, verachtet die NATO-Länder für diesen Krieg und ihre antirussische Propaganda.

Kriege werden aber nicht mit Propaganda und Vorurteilen gewonnen. Deshalb ist die Kriegsbeteiligung der NATO zu einer Falle für den Westen geworden.[227] Ein Blick auf die ökonomischen und militärischen Eckdaten genügt: Der Krieg in der Ukraine endet im politischen, militärischen, moralischen, ökonomischen und medialen Bankrott Europas.[228] Die russophoben Schreibtisch-Krieger in den Redaktionen sind mitverantwortlich für den Tod hunderttausender Menschen in der Ukraine. Sie müssen strafrechtlich zur Verantwortung gezogen werden, denn sie haben Blut an ihren Händen.

Dies hat eine Menge mit dem Beschuss unseres Hotels »Park Inn« in Donezk am 28. September 2022 zu tun. Unser einheimischer Führer telefoniert mit Artillerie-Beobachtern: »Ihr wurdet angepeilt. Ihr habt zu viel mit Euren Anwälten telefoniert!« Raus aus dem Netz und immer in Bewegung bleiben! Das ist die erste Lehre im Kriegsgebiet. Denn die endphasengelenkten Granaten und Raketen treffen genau. Der Tod des Reporters ist der ultimative Sieg des postfaktischen Journalismus und der Propaganda. Die Lohnschreiber des Krieges rühren weiter in der Kaffeetasse.

Anhang

1 Baab, Patrik: Auf beiden Seiten der Front. Frankfurt a. M.: Fifty-Fifty 2023, S. 223 - 238

2 »Comfortly ensconced in their editorial offices, they have done everything in their power to ensure that the conflict is prolonged and lives wasted... Our media and ›experts' have literally pushed Ukraine into a conflict, denying it any negotiating option, but convincing it that Russia is an adversary, one that it is capable of defeating... Today, the Western narrative has gradually collapsed before the reality of the facts, and what was described as conspiracism in 2022 has become reality... It is literally one of the main reasons for the Ukrainian defeat.« Baud, Jacques: The Russian Art of War. How the West led Ukraine to Defeat. Paris_ Max Milo 2024, S. 11

3 »Die Reproduktion der Gesellschaft im Ganzen lässt sich gewiss nicht zureichend von den Bedingungen kommunikativer Rationalität her aufklären – wohl aber die symbolische Reproduktion einer aus der Innenperspektive erschlossenen Lebenswelt sozialen Gruppen.« Habermas, Jürgen: Theorie des kommunikativen Handelns. Frankfurt a. M.: Suhrkamp 1981, Bd. 2, S. 10

4 Beim Beschuss von Donezk wurden ein Hotel und sechs Häuser beschädigt. In: *Ria Nowosti* v. 28.09.2022 (При обстреле Донецка были повреждены гостиница и шесть домов, РИА Новости), https://ria.ru/20220928/donetsk-1819969758.html
Donezk meldet 48 ukrainische Angriffe und zwei verletzte Zivilisten binnen 24 Stunden. In: *ExtremNews* v. 28.09.2022, https://www.extremnews.com/nachrichten/weltgeschehen/f42718d07477987/4d718d0748048c/info

5 Wiegerling, Klaus: Medienethik. Stuttgart u. Weimar 1998, S. 8

6 Wiegerling, Klaus: Medienethik. Stuttgart u. Weimar 1998, S. 17

7 Wiegerling, Klaus: Medienethik. Stuttgart u. Weimar 1998, S. 11

8 »Jede Nachricht ist also als Teil-Lieferung schon ein Vor-Urteil, das wahr, aber auch falsch sein kann: jedes prädikat schon ein Präjudiz; und durch jeden Inhalt der Nachricht wird der Gegenstand selbst, da er hinter dem allein gelieferten Prädikat im Dunkeln zurückbleibt, dem Adressaten vorenthalten. Dieser wird also, da er in eine bestimmte Perspektive (in die des Prädikats) hineingezwungen ist, und da ihm der Gegenstand, den das Urteil angeblich enthält, vorenthalten wird, unselbständig gemacht ... Der Bote ist der Herr des Herrn.« Anders, Günther: Die Antiqiertheit des Menschen. München 1983(6), Bd. 1, S. 158

9 Beaudrillard, Jean: Pour une critique de l'économie politique du signe. Paris 1986

10 Wiegerling, Klaus: Medienethik. Stuttgart u. Weimar 1998, S. 13

11 »Not only are such systems non-neutral, they support an ideology that has utilitarism at its roots. An ideology here is not understood as a self-conscious social and political mechanism, ... but as a semi-conscious, semi-articulate process that marshals political, economic and social forces. If it has an articulate form it is usually provided by the visionaries of high tech alluded ... and by those who are most likely to benefit from such a vision. ... The ideology also spreads some lies: that technology serves values but does not create them. Technology is always already an embodiment of a set of values both in its practice and in its nature and further applications inculcate and foster these values.« Froehlich, Thomas J.: Ethical Considerations in Technology Transfer. In: Capurro, R.afael, Klaus Wiegerling, Andreas Brellochs (Hg.): Informationsethik. Schriften zur Informationswissenschaft Bd. 18. Konstanz 1995, S. 187

12 Wiegerling, Klaus: Medienethik. Stuttgart u. Weimar 1998, S. 24, 26

13 Schiffer, Sabine: Medienanalyse. Ein kritisches Lehrbuch. Frankfurt a. M.: 2021, S. 229 - 237

14 Meyen, Michael: Die Propaganda-Matrix. Der Kampf für freie Medien entscheidet über unsere Zukunft. München 2021, S. 10, 202

15 Herman, Edward S. u. Noam Chomsky: Manufactoring Consent The Political Economy of Mass Media. New York 2002

16 De Lagasnerie, Geoffroy: Denken in einer schlechten Welt. Berlin 2018 (2), S. 60f.

17 Horkheimer, Max: Traditionelle und kritische Theorie. Zeitschrift für Sozialforschung, Jg. 6 (1937), S. 245-294, hier: S. 292

18 »Everything is different from what you read in the daily press releases and in the media.« Kossov, Igor: New brigade bears heavy brunt of Russia's onslaught in Kharkiv Oblast. *The Kyiv Independent*, 01.09.2023, https://kyivindependent.com/new-brigade-bears-heavy-brunt-of-russias-onslaught-in-kharkiv-oblast/

19 Beebe, George u. Anatol Lieven: Der letzte Versuch der Europäer, den Sieg in der Ukraine zu erringen. *Telepolis*, 03.03.2024, https://www.telepolis.de/features/Der-letzte-Versuch-der-Europaeer-den-Sieg-fuer-die-Ukraine-zu-erringen-9644037.html?seite=all

20 Hübschen, Jürgen: Die Ukraine hat den Krieg verloren – nur keiner im Westen sagt es. *Overton-Magazin*, 09.01.2024, https://overton-magazin.de/hintergrund/politik/die-ukraine-hat-den-krieg-verloren-nur-keiner-im-westen-sagt-es/

21 Institute for the Study of War: Russian Offensive Campaign Assessment, 22.02.2024, https://understandingwar.org/backgrounder/russian-offensive-campaign-assessment-february-22-2024

22 Mearsheimer, John J.: In der Ukraine kommt es zu einem endlosen Stellungskrieg. *Infosperber*, 04.06.2023, https://www.infosperber.ch/politik/welt/in-der-ukraine-kommt-es-zu-einem-endlosen-stellungskrieg/

23 »A policy of unchallengeable military domination over the earth, accompanied by a unilateral right to overthrow other governments by military force, is an imperial... policy. It marks a decisive choice of force and coercion over cooperation and consent as the mainstay of the American response to the disorders of the time... then the stage will be set for catastrophe.« Schell, Jonathan: The Unconquerable World. Power, Nonviolence and the Will of the People. New York: Metropolitan 2003, S. 329

24 Langfristige Militärhilfe: Auch Italien und Kanada schließen Sicherheitsvertrag mit Ukraine. *MSN.com*, 25.02.2024, https://www.msn.com/de-de/nachrichten/politik/langfristige-milit%C3%A4rhilfe-auch-italien-und-kanada-schlie%C3%9Fen-sicherheitsvertrag-mit-ukraine/ar-BB1iPh3Z
Deutschland und Ukraine unterzeichnen Sicherheitsabkommen. *DW* v. 16.02.2024, https://www.dw.com/de/deutschland-und-ukraine-unterzeichnen-sicherheitsabkommen/a-68275804

25 Slovak PM sway some Western states consider bilateral deals to send troops to Ukraine. *Reuters*, 26.02.2024, https://www.reuters.com/world/europe/slovak-pm-says-some-western-states-consider-bilateral-deals-send-troops-ukraine-2024-02-26/

26 Deutsche Gesellschaft für Auswärtige Politik: Die Zukunft der Sicherheitsarchitektur in Europa. Diskussion, 20.02.2024, https://dgap.org/de/veranstaltungen/die-zukunft-der-sicherheitsarchitektur-europa. Memo des Autors.

27 Palley, Thomas: Hacking: Europas Außenpolitik wurde von den USA gekapert – die Folgen sind fatal. *Telepolis*, 18.02.2024, https://www.telepolis.de/features/Hacking-Europas-Aussenpolitik-wurde-von-den-USA-gekapert-die-Folgen-sind-fatal-9631313.html
Palley, Thomas: Wie die USA mit Ukraine-Krieg und Chinas Aufstieg Europa knackten. *Telepolis*, 19.02.2024, https://www.telepolis.de/features/Wie-die-USA-mit-Ukraine-Krieg-und-Chinas-Aufstieg-Europa-knackten-9631903.html?seite=all

28 Mearsheimer, John J.: Tödlicher Mangel an Realismus. John Mearsheimer widerspricht dem westlichen Narrativ zum Ukraine-Krieg. *Substack*, 27.12.2022, https://selken.substack.com/p/todlicher-mangel-an-realismus

29 Hersh, Seymour: Zelensky's ›Bad Moment'. The Ukrainian leader resorts to lies and threats at the tail end of a failing. *Substack* v. 21. September 2023, https://seymourhersh.substack.com/p/zelenskys-bad-moment

30 https://twitter.com/KimDotcom/status/1749380743124701558

31 Ricard, Philippe u. Elise Vincent: Les alliés occidentaux pac convaincus par la perspective d'une intervention au sol en Ukraine, évoquée par Emmanuel Macron. *Le Monde*, 27.02.2024, https://www.lemonde.fr/international/article/2024/02/27/les-allies-divises-sur-l-option-d-une-intervention-au-sol-en-ukraine_6218802_3210.html

32 Beebe, George u. Anatol Lieven: Der letzte Versuch der Europäer, den Sieg in der Ukraine zu erringen. *Telepolis*, 03.03.2024, https://www.telepolis.de/features/Der-letzte-Versuch-der-Europaeer-den-Sieg-fuer-die-Ukraine-zu-erringen-9644037.html?seite=all

33 Gehrke, Joel: NATO's Europeans to set spending record. *The Washington Examiner*, 14.02.2024, https://www.washingtonexaminer.com/policy/foreign-policy/2856993/nato-defense-spending-record-europeans-stoltenberg/
Hartung, William D.: Warum der militärisch-industriele Komplex in Feierlaune ist. *Telepolis*, 14.11.2023, https://www.telepolis.de/features/Warum-der-militaerisch-industrielle-Komplex-in-Feierlaune-ist-9521995.html?seite=all
Röper, Thomas: Die EU zahlt: Waffenlieferungen an Kiew sind für die USA ein ›Bombengeschäft‹. *Anti-Spiegel*, 23.08.2023, https://www.anti-spiegel.ru/2023/die-eu-zahlt-waffenlieferungen-an-k
MacDonald, Alistair: The War in Ukraine is also a giant Arms Fair. *Wall Street Journal*, 26.09.2023, https://www.wsj.com/world/europe/the-war-in-ukraine-is-also-a-giant-arms-fair-20841740
Immediate Release: Fact Sheet on U.S. Security Assistance to Ukraine. 12.12.2023.

34 DeCamp, Dave: CBS removes Documentary on Ukraine military aid after pressure from Ukrainian government. *Anti-War*, 08.08.2022, https://news.antiwar.com/2022/08/08/cbs-removes-documentary-on-ukraine-military-aid-after-pressure-from-ukrainian-government/

35 Devlin, Jessica: Allegations of Ukrainian Weapon Supply to Hamas raise Concerns amidst Israel-Hamas Conflict. *DC Weekly*, 30.10.2023, https://dcweekly.org/2023/10/30/allegations-of-ukrainian-weapon-supply-to-hamas-raise-concerns-amidst-israel-hamas-conflict/
Hamas is using Ukrainian weapons in the war, new ›evidence' has emerged. *ISD News Network*, 28.10.2023, https://www.indiaspeaksdaily.com/hamas-is-using-ukrainian-weapons-in-the-war-new-evidence-has-emerged/
Ukraine deckt massiven Betrug bei Waffenlieferungen auf. *Frankfurter Allgemeine Zeitung*, 28.01.2024.
Zelensky, Ukrainian Officials and an American Merchant of Death resell Western Weapons to Terrorists and Drug Cartels, Earning hundreds of millions of Dollars. Foundation to battle Injustice, https://fondfbr.ru/en/articles/west-arms-black-market-en/
Bosnic, Drago: Kiev Regime flooding Black Markets with NATO-sourced Weapons. *Geopolitics*, 04.03.2023, https://geopolitics.co/2023/03/04/kiev-regime-flooding-black-markets-with-nato-sourced-weapons/#
Galeotti, Mark u. Anna Arutunyan: Peace and Proliferation. The Russo-Ukrainian war and the illegal arms trade. *Global Initiative Research Report*, März 2023, https://globalinitiative.net/analysis/russia-ukraine-war-illegal-arms-trade/

36 Lauterbach, Reinhard: Moskau bleibt sanktionsfest. *Junge Welt*, 13.02.2024, https://www.jungewelt.de/artikel/469238.russische-wirtschaft-moskau-bleibt-sanktionsfest.html

37 Gordon Ash, Timothy, Ivan Krastev, Mark Leonard: United West, divided from the rest: Global public opinion one year into Russia's war on Ukraine. European Council on Foreign Relations, Policy Brief, 22.02.2023, https://ecfr.eu/publication/united-west-divided-from-the-rest-global-public-opinion-one-year-into-russias-war-on-ukraine/
Rauls, Rüdiger: Die Russen kommen! *Overton-Magazin*, 27.12.2023, https://overton-magazin.de/top-story/die-russen-kommen-2/

38 Dagdelen, Sevim: Kriegshaushalt. Bundestag beschließt Haushalt 2024. *Junge Welt*, 03.02.2024, https://www.jungewelt.de/artikel/468553.kriegshaushalt.html

39 »The NeoCon agenda which is embedded in America's military and intelligence agenda is to ›Destroy Countries‹. It is a profit-driven agenda: ›Destruction‹ leads to ›Reconstruction‹. What is at stake is the engineered economic and social destruction of sovereign nation states... We are no longer in the realm of IMF ›strong economic medicine‹, austerity measures and ad hoc privatization measures. Since early 2022, the outright ›privatization of Ukraine‹ namely the entire country is contemplated with the support of BlackRock and JPMorgan. What is unfolding is the corporate takeover and appropriation of an entire country.« Chossudowsky, Michel: Ukraine, what is the End-Game? The Privatization of an entire Country. Michelchossudovsky@substack.com, 14.02.2024, https://michelchossudovsky.substack.com/p/what-is-the-end-game-the-privatization
Projanski, Harald: Kiews Schatten in D.C. *Junge Welt*, 11.08.2023, https://www.jungewelt.de/loginFailed.php?ref=/artikel/456684.staatsmonopolistischer-kapitalismus-kiews-schatten-in-d-c.html

40 »For the German side, it also offers both an intellectual challenge – of considering how these frameworks may be tailored to the needs of a lower middle-income country fighting an all-out war – and a developmental one, i.e., the need to assist Ukraine in pursuing an industrial strategy, and directly supporting e.g., with technology transfer, the country's industry... The fundamental risk to property and people makes the provision of insurance by the private sector unviable. In this context, only states have the balance sheets necessary to credibly underwrite investment and trade risks.« Cooper, Luke: After the Ukraine Recovery Conference 2023: Lessons and themes for 2024. Confidential Memo. London School of Economics. 2023.
»Ein Singapur in Kiew« – so der Tenor eines vertraulichen Fachgesprächs auf Regierungsebene im Herbst 2023.

41 »The dominant Western news media narrative assumes that Russia/Putin's imperial ambitions and nefarious traits have caused the war, and a second narrative, advanced by several scholars, former diplomats and selected journalists, asserts that NATO's eastward expansion created the context for Russia's invasion. The article concludes that the second narrative has been de-emphasized in the news. Such framing is contrary to the historical and documentary record, and links to a marginalization of non-military solutions to solve the conflict.« Zollmann, Florian: A War foretold: How Western mainstream news media omitted NATO eastward expansion as a contributing factor to Russia's 2022 invasion of the Ukraine. *Sage Journals*, 30.12.2023, https://journals.sagepub.com/doi/10.1177/17506352231216908

42 Welzer, Harald u. Leo Keller: Die veröffentlichte Meinung. Eine Inhaltsanalyse der deutschen Medienberichterstattung zum Ukrainekrieg. *Neue Rundschau*, 19.04.2023, https://www.fischerverlage.de/magazin/neue-rundschau/die-veroeffentlichte-meinung

43 Chomsky, Noam u. Edward Hermann: Manufacturing Consent: The Political Economy of the Mass Media. London: The Bodley Head 2008, S. 77f.

44 Baab, Patrik: Auf beiden Seiten der Front. Meine Reisen in die Ukraine. Frankfurt a. M.: Westend 2023, S. 180f.

45 https://de.rt.com/international/180475-deutscher-general-in-kiew-werden/

46 Ukraine's counter-offensive is making progress, slowly: Ten weeks in, the army is starting to figure out what works. *The Economist* v. 6. August 2023, https://www.economist.com/europe/2023/08/16/ukraines-counter-offensive-is-making-progress-slowly

47 Stolz, Christopher: Vorstoß an der Südfront. *Tagesspiegel* v. 21. Sept. 2023, https://www.tagesspiegel.de/internationales/vorstoss-an-der-sudfront-...1

48 Lovett, Ian, Marcus Walker, Nikita Nikolaienko: »A Wall of Steel«: Ukrainian Troops face hard Slog in Offensive's first Days. *Wall Street Journal*, 10. Juni 2023, https://www.wsj.com/articles/ukraine-achieves-mixed-success-in-counteroffensives-early-battles-says-u-k-e0b40334

49 Mearsheimer, John J.: Bound to Lose. Ukraine's Counteroffensive. *Substack* v. 2. September 2023, https://mearsheimer.substack.com/p/bound-to-lose

50 »The war is over. Russia has won. There is no Ukrainian offensive anymore, but the White House and the American media have to keep the lie ongoing. The truth is if the Ukrainian army is ordered to continue the offensive, the army would mutiny. The soldiers aren't willing to die any more, but this doesn't fit the B.S. that is being authored by the Biden White House.« Hersh, Seymour: Zelensky's ›Bad Moment‹. The Ukrainian leader resorts to lies and threats at the tail end of a failing. *Substack* v. 21. September 2023, https://seymourhersh.substack.com/p/zelenskys-bad-moment

51 Gall, Carlotta, Marc Santora, Constant Méheut: Avdiivka, Longtime Stronghold for Ukraine, Falls to Russians. *New York Times*, 18.02.2024, https://www.nytimes.com/2024/02/17/world/europe/ukraine-avdiivka-withdraw-despair.html

52 Simplicius The Thinker: Avdeevka Denouement: Russian Momentum Turning Point. *Substack*, 25.02.2024, https://simplicius76.substack.com/p/avdeevka-denouement-russian-momentum. »Lassen Sie die 300 Verwundeten zurück«: Berichte über chaotischen Rückzug aus Awdijiwka erschüttern. *Frankfurter Rundschau*, 21.02.2024, https://www.fr.de/politik/ukraine-russland-krieg-verletzte-selenskyj-awdijiwka-rueckzug-92843527.html

53 Kujat, Harald: Je länger der Krieg dauert, umso mehr neigt sich das Geschehen zugunsten Russlands. *Overton-Magazin*, 24.12.2023, https://overton-magazin.de/top-story/je-laenger-der-krieg-dauert-umso-mehr-neigt-sich-das-geschehen-zugunsten-russlands/

54 Ukraine's commander-in-chief on the breakthrough he needs to beat Russia. General Valery Zaluzhny admits the war is at a stalemate. *The Economist*, 01.11.2023

55 Baab, Patrik: Auf beiden Seiten der Front. Meine Reisen in die Ukraine. Frankfurt a. M.: Westend 2023, S. 173
Kuznetsova, Anna: Dreizehn Menschen starben an einer Bushaltestelle im Distrikt Kuibyshevsky in Donezk. *News UA RU* v. 19. September 2022 (Анна Кузнецова: 13 человек погибли на остановке в Куйбышевском районе Донецка.) https://newsua.ru/news/83406-13-chelovek-pogibli-na-ostanovke-v-kujbyshevskom-rajone-donetska-v-rezultate-segodnyashnego-obstrela-vsu-sredi-nikh-dvoe-detej-video-18

56 Angerer, Eric: 400.000 gefallene Ukrainer bestätigt. *TKP*, 1. September 2023, https://tkp.at/2023/09/01/400-000-gefallene-ukrainer-bestaetigt/

57 »They're all dead, and Ukraine has no real men left.« Interview Scott Ritter, Redacted, 18. Juli 2023, https://www.youtube.com/watch?v=DsqIm3F02Rc und Lindenmaier, Iris: Ehemaliger UN-Waffeninspektor: »Die Ukraine hat keine Soldaten und keine Munition mehr«. *Epochtimes* v. 25. Juli 2023, https://www.epochtimes.de/politik/ausland/ehemaliger-un-waffeninspektor-die-ukraine-hat-keine-soldaten-und-keine-munition-mehr-a4351767.html?welcomeuser=1

58 Minton Beddoes, Zanny. *The Daily Show*, 12.02.2024, https://www.youtube.com/watch?v=7cmWbSv-GOE

59 Graham, Lindsey: Die Ukraine ist ein gutes Geschäft für die USA. *RT.de*, 27.09.2023, https://freeassange.rtde.life/kurzclips/video/182018-us-senator-graham-ukraine-ist/

60 Mexican president slams NATO policy in Ukraine. In: *AP News* v.13. Juni 2022. https://apnews.com/article/russia-ukraine-mexico-caribbean-nato-b9aaddc8e3da3ad2b2cc013a6e8ff4bb (abgerufen am 18. Oktober 2022)

61 Skinner, Anna: Bakhmut Life Expectancy Near Four Hours On Frontlines, Fighter Warns. *Newsweek*, 20.02.2023, https://www.newsweek.com/bakhmut-life-expectancy-near-four-hours-frontlines-ukraine-russia-1782496

62 Khurshudyan, Isabelle, Paul Sonne, Karen DeYoung: Ukraine short of skilled troops and ammunition as losses, pessimism grow. *Washington Post*, 13.03.2023, https://www.washingtonpost.com/world/2023/03/13/Ukraine-casualties-pessimism-ammunition-shortage/ -> Seite nicht (mehr) vorhanden

63 AFU Soldier in Bakhmut says they lose 2 Companies per Day… 1 Bataillon per Week. *Bitchute*, 02.03.2023, https://www.bitchute.com/video/WFZMB0E15YI7/

64 Revedzhuk, Roman: More than 310,000 Ukrainian soldiers died in the war. https://youtu.be/0uAh19aQF58

65 Russian Casualties in Ukraine. *Mediazona*, 12.07.2022, https://web.archive.org/web/20230801021222/https://en.zona.media/article/2022/05/20/casualties_eng

66 Fazi, Thomas: Lord Skidelsky: »We're not helping Ukraine by continuing to support a war it cannot win.« *Substack* v. 24. September 2023, https://tfazi.substack.com/p/lord-skidelsky-were-not-helping-ukraine?publication_id=560592&post_id=137348004&isFreemail=true&r=9vuj8

67 »The moral case for pursuing peace lies in recognizing that the war is destroying the country and the longer it lasts the more extensive and enduring the damage will be.« Walt, Stephen M.: The Morality of Ukraine's War is very murky. *Foreign Affairs*, 22. September 2023, https://foreignpolicy.com/2023/09/22/ukraine-war-ethics-morality-murky/

68 »Unsere Köpfe sind dazu trainiert, eine enzyklopädisch breite Skala von Gleichgültigkeiten zu überblicken.« Sloterdijk, Peter: Kritik der zynischen Vernunft. Frankfurt a. M.: Suhrkamp 1983, Bd. 2, S. 563

69 »So not only are our media lying to us, they're lying to the Ukrainians themselves... Of all the European media I consulted for my books, virtually none even attempted to provide objective information on the conflict... Our media live off the blood of others. It is therefore logical – if not acceptable – that they seek to inflame tensions rather than calm them.« Baud, Jacques: The Russian Art of War. How the West led Ukraine to Defeat. Paris: Max Milo 2024, S. 298

70 Nuland, Victoria: Pinning Down Putin. How a Confident America Should Deal With Russia. Foreign Affairs, 09.06.2020, https://www.belfercenter.org/publication/pinning-down-putin

71 Baud, Jacques: Putin – Herr des Geschehens? Frankfurt a. M.: Westend 2023, S. 251f.

72 Baab, Patrik: Auf beiden Seiten der Front. Meine Reisen in die Ukraine. Frankfurt a. M.: Westend 2023, S. 150, 154

73 Ishchenko, Volodymyr: Far right participation in the Ukrainian Maidan protests: an attempt of systematic estimation. In: European Politics and Society. London: Routledge 2016, S. 459. https://www.academia.edu/33401339/Far_right_participation_in_the_Ukrainian_Maidan_protests_an_attempt_of_systematic_estimation. »There was another important development on 18 February in the west of Ukraine, where protesters started to attack police stations and raid their arsenals, getting hold of guns in large quantities. This happened in Lviv, in Ternopil, in Ivano-Frankivsk, in many areas. It changed the situation drastically: the riot police were ready to disperse protesters when the latter were armed with sticks, stones and Molotov cocktails, but they were not ready to die for Yanukovych.« Ishchenko, Volodymyr: Ukraine's Fractures. In: *New Left Review* Nr. 87 v. Mai/Juni 2014. https://newleftreview.org/issues/ii87/articles/volodymyr-ishchenko-ukraine-s-fractures (abgerufen am 30. Dezember 2022). S. Hahn, Gordon: The Ukrainian Revolution's Neo-Fascist Problem. In: *Fair Observer* v. 23. September 2014. https://www.fairobserver.com/region/europe/the-ukrainian-revolutions-neo-fascist-problem-14785/ (abgerufen am 9. Dezember 2022)

74 Jahn, Philipp, Olga Sviridenko, Stephan Stuchlik: Todesschüsse in Kiew: Wer ist für das Blutbad vom Maidan verantwortlich? Monitor, *Das Erste* v. 10. April 2014, https://www.ardmediathek.de/video/monitor/todesschuesse-in-kiew-wer-ist-fuer-das-blutbad-vom-maidan-verantwortlich/das-erste/Y3JpZDovL3dkci5kZS9C-ZWl0cmFnLTc2ZGM1N2M0LTI0OTAtMTFlNS1hOWE3LTUyMjFhZjBjMmJiNQ und Blutbad am Maidan: Wer waren die Todesschützen? Interview m. Stephan Stuchlik. *Telepolis*, 12. April 2014, https://www.telepolis.de/features/Blutbad-am-Maidan-Wer-waren-die-Todesschuetzen-3364803.html

75 »This academic investigation concludes that the massacre was a false flag operation, which was rationally planned and carried out with a goal of the overthrow of the government and seizure of power. It found various evidence of the involvement of an alliance of the far right organizations, specifically the Right Sector and Svoboda, and Oligarchic parties, such as Fatherland. Concealed shooters and spotters were located in at least 20 Maidan-controlled buildings or areas.«

Katchanovski, Ivan: *The »Snipers Massacre« on the Maidan in Ukraine. Paper,* American Political Science Association annual meeting, San Francisco, 3. –6. September 2015. https://papers.ssrn.com/sol3/papers.cfm?abstract_id=2658245 (abgerufen am 28. Dezember 2022). Nach dieser Untersuchung wurde das Haus von Katchanovski in der Ukraine enteignet. S. van der Pijl, Kees: Der Abschuss. Flug MH17, die Ukraine und der neue Kalte Krieg. Köln: PapyRossa 2018, S.171. Vgl. auch Sakwa, Richard: Frontline Ukraine, Crisis in the Borderlands, London u. New York: I.B.Tauris 2016, S. 83 u. Kudelia, Serhiy: The Donbas Rift. In: Russian Politics and Law Nr. 54 v. 13. Juni 2016, S. 83–85. https://cogentoa.tandfonline.com/doi/epdf/10.1080/10611940.2015.1160707 (abgerufen am 9. Dezember 2022) und Hahn, Gordon: The Ukrainian Revolution's Neo-Fascist Problem. In: *Fair Observer* v. 23. September 2014. https://www.fairobserver.com/region/europe/the-ukrainian-revolutions-neo-fascist-problem-14785/ (abgerufen am 9. Dezember 2022)

76 Katchanovski, Ivan: The Maidan massacre in Ukraine: revelations from trials and investigations. In: *MR online* v. 11. Dezember 2021. https://mronline.org/2021/12/11/the-maidan-massacre-in-ukraine/ u. Hahn, Gordon: The Ukrainian Revolution's Neo-Fascist Problem. In: *Fair Observer* v. 23. September 2014. https://www.fairobserver.com/region/europe/the-ukrainian-revolutions-neo-fascist-problem-14785/

77 Schiffer, Sabine: Medienanalyse. Ein kritisches Lehrbuch. Frankfurt a. M.: Westend 2021, S. 21

78 Baab, Patrik: Auf beiden Seiten der Front. Meine Reisen in die Ukraine. Frankfurt a. M.: Westend 2023, S. 104

79 Baab, Patrik: Auf beiden Seiten der Front. Meine Reisen in die Ukraine. Frankfurt a. M.: Westend 2023, S. 107f.

80 Baab, Patrik: Auf beiden Seiten der Front. Meine Reisen in die Ukraine. Frankfurt a. M.: Westend 2023, S. 123f.

81 Beebe, George: The Myth of a strong postwar Ukraine. *Responsible Statecraft*, 10.08.2023, https://responsiblestatecraft.org/2023/08/10/the-myth-of-a-strong-postwar-ukraine/

82 Kulu, Hill, Sarah Christison, Chia Liu, Júlia Mikolai: The War and the Future of Ukraine's Population. University of St. Andrews: *MigrantLife Working Paper* 9, 2022, http://migrantlife.wp.st-andrews.ac.uk/files/2022/03/The-War-and-the-Future-of-Ukraines-Population.pdf

83 Baab, Patrik: Auf beiden Seiten der Front. Meine Reisen in die Ukraine. Frankfurt a. M.: Westend 2023, S. 71

84 S. Cristaudo, Wayne: The Narrative of Sham Elections. In: *The Postil Magazine* v. 1. November 2022. https://www.thepostil.com/the-narrative-of-sham-elections/?print-pos (abgerufen am 2. Nov. 2022).

85 S. Permanent Mission of the Russian Federation to the United Nations Office in Geneva: War Crimes and Crimes against Humanity Committed by the Ukrainian Military-Political Leadership in Donbass. https://geneva.mid.ru/en_US/web/geneva_en/donbasstragedy (abgerufen am 5. März 2022), und Sagnol, Marc: Ukraine-Konflikt: Donbass unter Beschuss. In: *Novo* v. 26. September 2014. https://www.novo-argumente.com/artikel/ukraine_konflikt_donbass_unter_beschuss (abgerufen am 10. November 2022) oder Babić, Sanjo: Donbass – Das war auch nach deutschem Recht ein Genozid. In: *ExtremNews* v. 23. Februar 2022. https://www.extremnews.com/berichte/weltgeschehen/5cc61885a5a2c0b (abgerufen am 10. November 2022)

86 Klares Ergebnis bei Referendum: Donbass & Co. Wollen zu Russland gehören. In: *Wochenblick* v. 29. September 2022. https://www.wochenblick.at/politik/klares-ergebnis-bei-referendum-donbass-co-wollen-zu-russland-gehoeren/ (abgerufen am 10. November 2022)

87 Baab, Patrik: Auf beiden Seiten der Front. Meine Reisen in die Ukraine. Frankfurt a. M.: Westend 2023, S. 122

88 Schlögel, Karl: Lemberg - Hauptstadt der europäischen Provinz. In: ders.: Promenade in Jalta und andere Städtebilder. München: Hanser 2001, S. 61–73, hier: S. 67

89 Zit. n. Schlögel, Karl: Lemberg - Hauptstadt der europäischen Provinz. In: ders.: Promenade in Jalta und andere Städtebilder. München: Hanser 2001, S. 61–73, hier: S. 68

90 Lauterbach, Reinhard: Alles muss raus. In der Ukraine läuft eine Kampagne zur vollständigen »Derussifizierung« des öffentlichen Raums. In: *Junge Welt* v. 15. Januar 2023, S. 11, https://www.jungewelt.de/loginFailed.php?ref=/artikel/442862.ukraine-alles-muss-raus.html und Koppold, Rupert: Auf geht's! Tschaikowsky, Tolstoi und Co. Ausmerzen! *Nachdenkseiten* v. 4. Juli 2023, https://www.nachdenkseiten.de/?p=100370b

91 Zamoyski, Adam: Poland. A History. London: William Collins 2015, S. 341

92 Schuberth, Richard: Die Sprache Z, die Sprache S. Im Krieg Russlands gegen die Ukraine werden auch die Reste einer kulturell hybriden Gesellschaft zerstört. Konkret, Oktober 2022, S. 52f.

93 S. Raevsky, Andrei: Are Ukrainians Russians? In: *The Saker* v. 6. Dezember 2022. http://thesaker.is/are-ukrainian-russians/ (abgerufen am 7, Dezember 2022)

94 Van der Pijl, Kees: Der Abschuss. Flug MH17, die Ukraine und der neue Kalte Krieg. Köln: PapyRossa 2018, S. 125f.

95 Baab, Patrik: Auf beiden Seiten der Front. Meine Reisen in die Ukraine. Frankfurt a. M.: Westend 2023, S. 36

96 »Silverado Policy Accelerator, a Washington, DC think tank, has examined trade data showing that, despite being punished for the war, Russia continues to have access to crucial dual-use technologies such as semiconductors, thanks in part to China and Hong Kong. It also showed that imports to Russia have rebounded, as have supply chains for consumer goods, such as smartphones, appliances, and cars, as the country adapts to sanctions that had been aimed at isolating it from the global financial system.« Cole, Brendan: China Supplying Russia with Technology Despite Sanctions-Report. In: *Newsweek* v. 24. Januar 2023. https://www.newsweek.com/russia-ukraine-sanctions-silverado-trade-technology-china-1776013 (abgerufen am 22. März 2023); *Silverado* Policy Accelerator: Russia Semiconductor Imports: Pre- and Post-Invasion Trends. In: Silverado-News v. 2. Oktober 2022. https://silverado.org/news/russia-semiconductor-imports-dashboard-p (abgerufen am 22. März 2023)

97 Mail Quelle X v. 05. Juli 2023

98 Zit. n. Hoefer, Carsten: Das Gespenst der Deindustrialisierung. In: DPA v. 17. Oktober 2022. So auch der Vorstand der SALytic Invest AG, Wolfgang Sawazki, und der Präsident des Verbandes Die Papierindustrie Winfried Schaur. S. Schaur, Winfried: Deutschland muss die Energieversorgung zukunftsfest machen. In: *Frankfurter Allgemeine Zeitung* v. 12. Oktober 2022, und Hock, Martin: »Der kommende Winter wird schwierig«. Fachleute sehen zwar in Russland den großen Verlierer des Ukrainekriegs. Doch Deutschland droht eine Deindustrialisierung. In: *Frankfurter Allgemeine Zeitung* v. 12. Oktober 2022, S. 28.

99 »Avec des économies en berne et une inflation qui ne semble pas s'atténuer, l'Occident s'achemine vers une récession dont les racines sont antérieures à la guerre en Ukraine, mais que les sanctions appliquées à la Russie n'ont fait qu'amplifier.« Baud, Jacques: Opération Z. Paris: Max Milo 2022, S. 337

100 S. Warweg, Florian: »Im Blindflug« – Bundesregierung hat bis heute keine Erkenntnisse zur konkreten Wirkung ihrer Russland-Sanktionen. In: *Nachdenkseiten* v. 8. November 2022. https://www.nachdenkseiten.de/?p=90107 (abgerufen am 20. November 2022). Vgl. dazu auch Gamio, Lazaro u. Swanson, Ana: »How Russia Pays for War«. In: *New York Times* v. 30. Oktober 2022. https://www.nytimes.com/interactive/2022/10/30/business/economy/russia-trade-ukraine-war.html (abgerufen am 27. November 2022)

101 Hecking, Claus u. Michael Brächer: Deutschland importiert offenbar russisches Öl über Indien. *Der Spiegel* v. 12. Sept. 2023, https://www.spiegel.de/wirtschaft/trotz-sanktionen-deutschland-importiert-offenbar-russisches-oel-ueber-indien-a-8000ac08-b1d3-4408-8f6d-5d9e7cdd8bf9, EU imports record volumes of liquefied natural gas from Russia, *Financial Times*, 30. August 2023, https://www.ft.com/content/1e70ff72-52d8-46b6-a8f4-fcc86fb88a6d
Röper, Thomas: Die Öl- und Gaslügen aus Brüssel und Berlin. *Anti-Spiegel* v. 17. Sept. 2023, https://www.anti-spiegel.ru/2023/die-oel-und-gasluegen-aus-bruessel-und-berlin/

102 Oil Market report – September 2023, *International Energy Agency*, Sept. 2023, https://www.iea.org/reports/oil-market-report-september-2023

103 Müller, Bernd: Energiekrise kostet Europa eine Billion Euro – und das ist erst der Anfang. *Telepolis* v. 19. Dez. 2022, https://www.telepolis.de/features/Energiekrise-kostet-Europa-eine-Billion-Euro-und-das-ist-erst-der-Anfang-7398516.html

104 Tuchman, Barbara: Die Torheit der Regierenden. Von Troja bis Vietnam. Frankfurt a. M.: S. Fischer 1984, S. 38

105 Baab, Patrik: Auf beiden Seiten der Front. Meine Reisen in die Ukraine. Frankfurt a. M.: Westend 2023, S. 199

106 »According to multiple former senior U.S. officials we spoke with, in April 2022, Russian and Ukrainian negotiators appeared to have tentatively agreed on the outlines of a negotiated interim settlement: Russia would withdraw to its position on February 23, when it controlled part of the Donbas region and all of Crimea, and in exchange, Ukraine would promise not to seek NATO membership and instead receive security guarantees from a number of countries.« Hill, Fiona u. Stent, Angela: »The World Putin Wants. How Distortions About the Past Feed Delusions About the Future«. In: *Foreign Affairs*, Sept./October 2022, v. 25. August 2022. https://www.foreignaffairs.com/russian-federation/world-putin-wants-fiona-hill-angela-stent (abgerufen am 1. März 2023). »I have one claim. I claim there was a good chance of reaching a ceasefire.« Bennett, Naftali: Interview Ukraine War Negotiations. https://www.youtube.com/watch?v=ZpCTEBaTFS8 (abgerufen am 1. März 2023).

Marcetic, Branco: »The Grinding War in Ukraine Could Have Ended a Long Time Ago.« In: *Jacobin* v. 2. August 2023. https://jacobin.com/2023/02/ukraine-russia-war-naftali-bennett-negotiations-peace (abgerufen am 1. März 2023). Vgl. auch Kujat, Harald: Interview über den Ukrainekonflikt. In: *Alexander Wallasch* v. 24. Januar 2023. https://www.alexander-wallasch.de/gesellschaft/interview-mit-general-a-d-harald-kujat-ueber-den-ukrainekonflikt (abgerufen am 28. Februar 2023)

Gräser, Tilo: »Die nicht gewollte Friedenschance von Istanbul im Frühjahr 2022«. *Nachdenkseiten*, 13.02.2024, https://www.nachdenkseiten.de/?p=110970 und 14.02.2024, https://www.nachdenkseiten.de/?p=111011

Riegel, Tobias: »Israelischer Premier: Westen hat Waffenstillstand in der Ukraine verhindert.« *Nachdenkseiten*, 07.02.2023, https://www.nachdenkseiten.de/?p=93498

Schröder, Gerhard: »So scheiterten die Friedensverhandlungen zwischen Ukraine und Russland.« Interview gef. V. Tomasz Kurianowicz u. Moritz Eichhorn. *Berliner Zeitung*, 21.10.2023, https://www.berliner-zeitung.de/politik-gesellschaft/gerhard-schroeder-im-exklusiv-interview-was-merkel-2015-gemacht-hat-war-politisch-falsch-li.2151196

Echols, Connor: »Diplomacy Watch: Did Boris Johnson help stop a peace deal in Ukraine?« *Responsible Statecraft*, 05.09.2022, https://responsiblestatecraft.org/2022/09/02/diplomacy-watch-why-did-the-west-stop-a-peace-deal-in-ukraine/

Echols, Connor: »Diplomacy Watch: New revelations shed light on early talks.« *Responsible Statecraft*, 01.12.2023, https://responsiblestatecraft.org/ukraine-peace-talks/

Marcetic, Branko: »Did the West deliberately prolong the Ukraine war? *Responsible Statecraft*, 04.12.2023, https://responsiblestatecraft.org/ukraine-russia-talks/

Colchester, Max, Thomas Grove, James Marson: »Document from 2022 reveals Putin's punishing Terms for Peace«. *Wall Street Journal*, 01.03.2024, https://www.wsj.com/world/russia-ukraine-peace-deal-2022-document-6e12e093

Maier, Michael: Entwurf zu Friedensvertrag zwischen Russland und Ukraine geleakt. *Berliner Zeitung*, 06.03.2024, https://www.berliner-zeitung.de/politik-gesellschaft/entwurf-zu-friedensvertrag-zwischen-russland-und-ukraine-geleakt-li.2193798

Rustamova, Farida: »Ukraine's 10-point plan. Faridaily obtained a list of the written proposals Ukrainian negotiators delivered to their Russian counterparts in Istanbul on March 29, 2022«. *Substack*, 29.03.2022, https://faridaily.substack.com/p/ukraines-10-point-plan

107 »First, is a meaningful peace agreement possible? My answer is no. We are now in a war where both sides see each other as an existential threat that must be defeated. Given maximalist objectives all around, it is almost impossible to reach a workable peace treaty. Moreover, the two sides have irreconcilable differences regarding territory and Ukraine's relationship with the West. The best possible outcome is a frozen conflict that could easily turn back into a hot war. The worst possible outcome is a nuclear war… Russia is not going to conquer all of Ukraine, but it will end up annexing a large swath of Ukrainian territory, while turning Ukraine into a dysfunctional rump state.« Mearsheimer, John J.: The Darkness ahead: Where the Ukraine War is headed. *Substack,* 23. Juni 2023, https://mearsheimer.substack.com/p/the-darkness-ahead-where-the-ukraine Vgl. auch Mearsheimer, John J.: Das Desaster, dass [sic] wir in der Ukraine angerichtet haben, nicht unterschätzen. Interview, *Internationale Friedensfabrik*, 14. Sept. 2022, https://www.internationale-friedensfabrik-wanfried.org/post/prof-mearsheimer-ukraine-krieg-ist-langfristige-gefahr

108 Zit. N. Johnstone, Caitlin: This War Wasn't Just Provoked – It Was Provoked Deliberately. *Caitlin's Newsletter*, 24. Sept. 2023, https://www.caitlinjohnst.one/p/this-war-wasnt-just-provoked-it-was

109 Von Pax, Wilhelm: »Stratfor«: US-Hauptziel seit einem Jahrhundert ist es, ein deutsch-russisches Bündnis zu verhindern. *Neopresse,* 16. März 2015, https://www.neopresse.com/politik/stratfor-direktor-friedman-us-hauptziel-seit-einem-jahrhundert-ist-ein-deutsch-russisches-buendnis-zu-verhindern/

110 https://test.tschannen.ch/Ukraine . Vgl. auch Brzezinski, Zbigniew: Die einzige Weltmacht, Frankfurt a. M.: Fischer 1999, https://archive.org/details/ZbigniewBrzezinskiDieEinzigeWeltmachtAmerikasStrategieDerVorherrschaftVierteAufl/page/n247/mode/2up

111 »A policy of unchallengeable military domination over the earth, accompanied by a unilateral right to overthrow other governments by military force, is an imperial policy… It marks a decisive choice of force and coercion over cooperation and consent as the mainstay of the American response to the disorders of the time. And if the United States continues to pursue an Augustan policy, then the stage will be set for catastrophe… The imperial temptation for the United States is the path of arrogance and ignorance.« Schell, Jonathan: The Unconquerable World. Power, Nonviolence, and the Will of the People. New York: Metropolitan 2003, S. 329

112 »The war in Ukraine is the culmination of a 30-year project of the American neoconservative movement. The Biden Administration is packed with the same neocons who championed the US wars of choice in Serbia (1999), Afghanistan (2001), Iraq (2003), Syria (2011), Libya (2011), and who did so much to provoke Russia's invasion of Ukraine. The neocon track record is one of unmitigated disaster, yet Biden has staffed his team with neocons. As a result, Biden is steering Ukraine, the US, and the European Union towards yet another geopolitical debacle. If Europe has any insight, it will separate itself from these US foreign policy debacles.« Sachs, Jeffrey D.: Ukraine is the latest Neocon Disaster. In: *OtherNews* v. am 27. Juni 2022. https://www.jeffsachs.org/newspaper-articles/m6rb2a5tskpcxzesjk8hhzf96zh7w7)

113 »Parce que c'est la réalité, la Troisième Guerre mondiale a commence. Il est vrai qu'elle a commence ›petitement‹ et avec deux surprises. On est parti dans cette guerre avec l'idée que l'armée de la Russie était très puissante et que son économie était très faible. On pensait que l'Ukraine allait se faire écraser militairement et que la Russie se ferait écraser économiquement par l'Occident. Or il s'est passé l'inverse. L'Ukraine n'a pas été écrasée militairement meme si elle a perdu à cette date 16% de son territoire; la Russie n'a pas été écrasée économiquement.« Todd, Emmanuel: »La Troisième Guerre mondiale a commencé«. *Le Figaro*, 12. Januar 2023, https://www.lefigaro.fr/vox/monde/emmanuel-todd-la-troisieme-guerre-mondiale-a-commence-20230112

114 Hudson, Michael: Stürzendes US-Wirtschaftsimperium, Europas Angst und Chinas Aufstieg. *Telepolis*, 3. August 2023, https://www.telepolis.de/features/Stuerzendes-US-Wirtschaftsimperium-Europas-Angst-und-Chinas-Aufstieg-9233187.html sowie Streeck, Wolfgang: Die EU, die NATO und die nächste Neue Weltordnung. *Makroskop*, 22. September 2023, https://makroskop.eu/30-2023/die-eu-die-nato-und-die-nachste-neue-weltordnung/

115 Sakwa, Richard: Frontline Ukraine. Crisis in the Borderlands. London: I.B. Tauris 2016, S. 227

116 Baab, Patrik: Auf beiden Seiten der Front. Meine Reisen in die Ukraine. Frankfurt a. M.: Westend 2023, S. 185

117 »We need to restore belief in hell for those who have lost it... Therefore, if nuclear weapons will have to be used (God forbid), the strike should be of a sufficiently large proportion... Fear would be restored if it were to be used in Europe, since it still plays the key role in the global media agenda.« Karaganov, Sergey A.: How to Prevent a Third World War. Russia in *Global Affairs*, 26. Sept. 2023, https://eng.globalaffairs.ru/articles/how-to-prevent-a-third-world-war/ u. Neu, Alexander: Eskalieren, um zu de-eskalieren? Wie in Russland über die Vermeidung eines 3. Weltkrieges diskutiert wird. *Nachdenkseiten*, 04. Okt. 2023, https://www.nachdenkseiten.de/?p=104682

118 Karaganov, Sergey: Russland ist mit dem Westen endgültig fertig. *RT.de*, 06.01.2024, https://freeassange.rtde.life/international/191826-russlands-affaere-mit-staaten-westens/

119 Karaganov, Sergey: Weshalb Russland Europa endgültig aufgeben und sich gänzlich Asien zuwenden muss. *RT.de*, 18.02.2024, https://de.rt.com/meinung/196404-weshalb-russland-europa-endgueltig-aufgeben-muss/

120 Trenin, Dmitry: Wie Russland das Angstdefizit in den Beziehungen zum Westen überwinden kann. *Profil*, 27.02.2024 (Дмитрий Тренин : Как Россия может покончить с дефицитом страха в отношениях с Западом. Профиль, 27.02.2024), https://profile.ru/abroad/kak-rossiya-mozhet-pokonchit-s-deficitom-straha-v-otnosheniyah-s-zapadom-1456137/

121 Mearsheimner, John J.: Die Dunkelheit, die vor uns liegt: Wohin sich der Ukraine-Krieg entwickeln wird. *Overton-Magazin*, 12. August 2023, https://overton-magazin.de/hintergrund/politik/die-dunkelheit-die-vor-uns-liegt-wohin-sich-der-ukraine-krieg-entwickeln-wird/ Ders.: Die Zukunft der Ukraine sieht extrem düster aus. *Overton-Magazin*, 14. August 2023, https://overton-magazin.de/hintergrund/politik/mearsheimer-die-zukunft-der-ukraine-sieht-extrem-duester-aus/

122 »We were several years late in demanding that NATO stop its expansion to Ukraine. I kept saying for twenty-five years that this expansion would inevitably lead to war. But a large-scale thermonuclear war is looming not only, and not even so much, because of the situation in Ukraine. There are much deeper reasons...The West has simply gone mad, because it is losing moral ground, it is losing economic ground, it is losing every ground in the world after its five-hundred-year dominance and after a fifteen-year-long period of its utterly dazzling victory in the late 1980s... Unfortunately, there is a severe degradation of elites in the West and in some other parts of the world, but particularly in the West. This is dangerous for the whole world. Nuclear war can be won. But it will be an enormous moral loss–moral, but also political and psychological... some American–and at their prompting, Russian–experts claimed that there would allegedly be a non-nuclear attack on the Russian armed forces, on our territory... But then there will be another round of Russian nuclear strikes on Europe. And if the Americans still persist after that, then there will be a strike on American military bases. Tens of thousands of American military personnel will die. I don't think the Americans want tens of thousands of their troops to perish. The Americans will never put New York, Boston or Philadelphia at risk in order to avenge Frankfurt, Poznan or Bucharest.« Karaganov, Sergey: Nuclear War can be won. Moskovsky Komsomolets, 11.10.2023, https://karaganov.ru/en/nuclear-war-can-be-won/

123 Neu, Alexander: Eskalieren, um zu de-eskalieren? Wie in Russland über die Vermeidung eines 3. Weltkrieges diskutiert wird. *Nachdenkseiten*, 04. Okt. 2023, https://www.nachdenkseiten.de/?p=104682

124 Bauman, Zygmunt: Retrotopia. Frankfurt a. M.: Suhrkamp 2018(2), S. 56

125 Anders, Günter: Die Antiquiertheit des Menschen. Erster Band: Über die Seele im Zeitalter der zweiten industriellen Revolution. München: Beck 1983(6), S. 264f., 276, 279

126 Mayer, Thomas: Wahrheitssuche im Ukraine-Krieg. Um was es wirklich geht. Raubling: Jenbachmedia 2023, S. 495

127 Baud, Jacques: Ukraine-Krieg: Irreführende Darstellung in den Medien und Unverständnis der russischen Kriegsführung. *Overton-Magazin*, 06.09.2022, https://overton-magazin.de/hintergrund/politik/ukraine-krieg-irrefuehrende-darstellung-in-den-medien-und-unverstaendnis-der-russischen-kriegsfuehrung/

128 https://www.nachdenkseiten.de/?p=103987 und https://www.nachdenkseiten.de/?p=84493

129 Journalismus im ZDF in der Kritik. Öffentlich-rechtlicher Sender berichtet aus Mariupol in der Ostukraine. Kritiker monieren Darstellung zugunsten Russlands. *Hintergrund*, 31.01.2024, https://www.hintergrund.de/kurzmeldung/journalismus-im-zdf-in-der-kritik/

130 Crouch, Colin: Postdemokratie revisited. Frankfurt a. M.: Suhrkamp 2021, S. 243

131 https://myrotvorets.center/criminal/baab-patrik/

132 »Tous les appareils d''État fonctionent à la fois à la répression et à l'idéologie, avec cette différence que l'Apareil (répressif) d'État foncione de facon massivement prévalente à la répression, alors que les Appareils Idéologiques d'État foctionnent de facon massivement prévalente à l'idéologie...Nous avons en effet énuméré, dans les formations sociales capitalistes contemporaines, un nombre relativement élevé d'appareils idéologiques d'État: l'appareil scolaire, l'appareil religieux, l'apareils familial, l'appareil politique, l'appareil syndical, l'appareil de l'information, l'appareil ›culturel‹, etc.» Althusser, Louis: Idéologie et appareils idéologiques d'État. In: La Pensée, Nr. 151, Juni 1970, S. 22, http://classiques.uqac.ca/contemporains/althusser_louis/ideologie_et_AIE/ideologie_et_AIE.pdf

133 Schiffer, Sabine: Medienanalyse. Ein kritisches Lehrbuch. Frankfurt a. M.: Westend 2021, S. 21

134 Kant, Immanuel: Logik. Akademie-Ausgabe, Bd. 16, Berlin 1902ff., S. 459. http://kant.korpora.org/Band16/459.html

135 Hegel, Georg Wilhelm Friedrich: Wissenschaft der Logik II. Werkausgabe, Bd. 6. Frankfurt a. M.: Suhrkamp 1983, S. 41, 44.

136 Götz Aly bei einer Diskussion mit Jens Bisky im Pfefferberg-Theater Berlin am 2. Februar 2023. Mitschrift des Autors

137 Wohlfahrt, Norbert: Der Wille zum Krieg. Wehrtüchtig werden und mit den Friedensillusionen der Vergangenheit aufräumen. Die aktuelle Debatte zur Sicherheitspolitik. *Junge Welt*, 06.02.2024, S. 12

138 Babst, Stefanie: Sehenden Auges. Mut zum strategischen Kurswechsel. München 2023, S. 239

139 Egner, Heike u. Anke Uhlenwinkel: Entlassung und öffentliche Degradierung von Professorinnen. Eine empirische Analyse struktureller Gemeinsamkeiten anscheinend unterschiedlicher »Fälle«. Beiträge zur Hochschulforschung H. 1 / 2, 2021, S. 62-84. https://uni-salzburg.elsevierpure.com/de/publications/entlassung-und-%C3%B6ffentliche-degradierung-von-professorinnen-eine-e
Meyen, Michael: Wie ich meine Uni verlor. Dreißig Jahre Bildungskrieg. Bilanz eines Ostdeutschen. Berlin: edition ost 2023, S. 29-50

140 Rodheudt, Guido: Gift Wrap. Neulich beerdigte unser Kolumnist eine Hundertjährige. Eine amüsante Anekdote aus dem Leben der Frau veranlasste ihn, über eine Branche nachzudenken, die es mit der Wahrheit oft nicht so genau nimmt. *Corrigenda*, 28.01.2024, https://www.corrigenda.online/trend/kolumne-von-guido-rodheudt-gift-wrap

141 Buttkereit, Helge: Journalismus als Legitimation. Journalisten dürfen nicht in die Ostukraine fahren. Oder Veranstaltungen besuchen, die quer zum Mainstream sind. Denn ihre Anwesenheit »Legitimiert«. So zumindest die Kritik an einem Journalisten, der in der Ostukraine recherchiert hat. Dieses Verständnis von Journalismus hat weitreichende Folgen. In: *Hintergrund* v. 30. September 2022. https://www.hintergrund.de/allgemein/rundschau/journalismus-als-legitimation/?highlight=baab (abgerufen am 24. Februar 2023)
De Lapuente, Roberto J.: Der Fall Baab: Journalismus als Delikt. In: *Neulandrebellen* v. 2. März 2023. https://www.neulandrebellen.de/2023/03/der-fall-baab-journalismus-als-delikt/ (abgerufen am 2. März 2023)

142 A referendum that people earned with blood. International observers shared their impressions of the plebiscite in Donbass and the liberated territories. Civic Chamber of the Russian Federation v. 29. September 2022. http://oprf.ru/news/6553?lang=en (abgerufen am 7. Mai 2023)

143 Ströer rüstet auf – zum medialen, politischen und Kommerz-Influencer unter dem Radar der Öffentlichkeit und ohne gesellschaftliche Kontrolle. *Freiheitsfoo*, 26.12.2021, https://freiheitsfoo.de/2021/12/26/stroeer-aufruestung/

144 De Lapuente, Roberto: Propaganda statt Kultur. *Overton-Magazin*, 03.01.2024, https://overton-magazin.de/hintergrund/kultur/propaganda-statt-kultur/

145 Deutscher Bundestag DS 20/5822 vom 1. März 2023: Zahlung von Bundesministerien an Journalisten des öffentlich-rechtlichen Rundfunks und privatrechtlicher Medien. https://dserver.bundestag.de/btd/20/058/2005822.pdf

146 Seipel, Hubert: Putin – Innenansichten der Macht. Hamburg: Hoffmann u. Campe 2015

147 Seipel, Hubert: Jeder Krieg hat eine Vorgeschichte. *Weltwoche*, 12.01.2024, S. 27f., https://weltwoche.de/story/jeder-krieg-hat-eine-vorgeschichte/

148 Strate, Gerhard: Der ideale Dünger für neue Verschwörungstheorien. *Cicero*, 22.05.2020, https://www.cicero.de/innenpolitik/spiegel-magazin-foerderung-bill-gates-duenger-verschwoerungstheorien-corona-proteste

149 Serrao, Marc Felix: Verfassungsschutz weist Behauptung zurück, er stecke hinter dem Bericht über das »Geheimtreffen« von Potsdam. *NZZ*, 29.01.2024, https://www.nzz.ch/international/verfassungsschutz-weist-verwicklung-in-bericht-ueber-geheimplan-zurueck-ld.1776407?reduced=true

150 Reitschuster, Boris: Der »Correctiv«-Lauschangriff und das staatlich finanzierte Zensurnetzwerk. *Reitschuster.de*, 13.01.2024, https://reitschuster.de/post/der-correctiv-lauschangriff-und-das-staatlich-finanzierte-zensurnetzwerk/
Wendt, Alexander: Correctiv, Wannsee und der Moralputsch der Wohlgesinnten. *Tychiseinblick*, 01.02.2024, https://www.tichyseinblick.de/meinungen/correctiv-wannsee-und-der-moralputsch-der-wohlgesinnten/

151 »Zentral ist dabei die ›Dualität‹ von Medien: Medienprodukte wie journalistische Beiträge sind sowohl Wirtschaftsgüter als auch Kulturgüter, d.h. sie erfüllen sowohl wirtschaftliche als auch kulturelle Zwecke. Sie werden einerseits verkauft, um Gewinne zu erwirtschaften, schaffen andererseits aber auch publizistisch Öffentlichkeit und tragen zur Information und Meinungsbildung bei, wodurch sie gesellschaftlich relevant werden.« Brinkmann, Janis: Journalismus. Eine praktische Einführung. Baden-Baden: Nomos 2021, S. 73f.

152 Röper, Horst: Das Verleger-Privileg. In: Matthias Kurp u. Bettina Lendzian (Hg.): Journalismus auf zwei Säulen. Drei Jahrzehnte Lokalfunk in Nordrhein-Westfalen. Stuttgart: Springer 2021, S. 117-125.

153 Online-Lexikon Presserecht: Tendenzschutz. *Initiative Tageszeitung e.V.*, https://initiative-tageszeitung.de/lexikon/tendenzschutz/

154 Sethe, Paul: Leserbrief an den Spiegel v. 08.03.1965. Zit. n.: Frei ist, wer reich ist. *Der Spiegel* 34/1966. https://www.spiegel.de/politik/frei-ist-wer-reich-ist-a-9100aa3e-0002-0001-0000-000046413915

155 Herman, Edward S. u. Noam Chomsky: Manufactoring Consent: The Political Economy of the Mass Media. London: The Bodley Head 2008, S. 77f.
Meyen, Michael: Die Propaganda-Matrix. Der Kampf für freie Medien entscheidet über unsere Zukunft. München: Rubikon 2021, S. 86-97

156 So der frühere Chef der Federal Communications Commission der USA, Nicholas Johnson. Zit. n. Lee, Martin A. u. Norman Solomon: Unreliable Sources. A Guide to detecting Bias in Media. New York: Carol Publishing Group 1990, S. 98

157 »It is difficult to get a man to understand something, when his salary depends upon his not understanding it.« Sinclair, Upton: I, Candidate for Governor. And How I Got Licked. Oakland Tribune, 11.12.1934, S. 19

158 Lukács, Georg: Geschichte und Klassenbewusstsein, Darmstadt/Neuwied: Luchterhand 1970 (1923), S. 192-194

159 Hegel, Georg Wilhelm Friedrich: Phänomenologie des Geistes. Werke 3. Frankfurt: Suhrkamp 1983, S. 436

160 Klöckner, Marcus: Sabotierte Wirklichkeit oder: Wenn Journalismus zur Glaubenslehre wird. Frankfurt a. M.: Westend 2019, S. 26

161 Bourdieu, Pierre: Über das Fernsehen. Frankfurt a. M.: Suhrkamp 1998, S. 25, 61

162 Bourdieu, Pierre: Die feinen Unterschiede. Kritik der gesellschaftlichen Urteilskraft. Frankfurt a. M.: Suhrkamp 1982, S. 519. Zum Begriff »Habitus« S. 277-279

163 Luxemburg, Rosa: Die Krise der Sozialdemokratie. In: dies.: Politische Schriften II, Frankfurt a. M. 1975, S. 19-157, hier: S. 151

164 »Für den Bundesnachrichtendienst (BND) ist darauf hinzuweisen, dass die Beantwortung der Fragen aus Staatswohlgründen nicht erfolgen kann, weil Kooperationen des BND besonders schützenswert sind. Die einzelnen Kooperationspartner arbeiten mit dem BND nur unter der Voraussetzung zusammen, dass die konkrete Kooperation mit ihnen – auch nicht mittelbar – preisgegeben, sondern absolut vertraulich behandelt wird. Dies bedeutet, dass die geheimhaltungsbedürftigen Informationen zu und aus der Kooperation nicht außerhalb des BND weitergegeben werden dürfen. Eine Offenlegung der Kooperationspartner würde das Ansehen von deutschen Nachrichtendiensten und das Vertrauen in diese daher weltweit erheblich schädigen. Dementsprechend bestünde die ernstzunehmende Gefahr eines weitreichenden Wegfalls von Kooperationsmöglichkeiten.« Deutscher Bundestag, 20. Wahlperiode, DS 20/5822

165 »The Point is that as a journalist I have never been in any doubt that PR's are the enemy.« Peston, Robert: »*BBC* follows Daily Mail's lead too much. *BBC* economics editor's British Journalism Review Charles Wheeler lecture also expressed fears over influence of PR.« *The Guardian*, 06.06.2014, www.theguardian.com/media/2014/jun/06/robert-peston-threat-journalism-native-ads-charles-wheeler-lecture-full-text

166 McChesney, Robert u. John Nichols: The Death and Life of American Journalism. The Media Revolution that will begin the World again. New York: Bold Type Books 2010

167 Lee, Martin A. u. Norman Solomon: Unreliable Sources. A Guide to detecting Bias in Media. New York: Carol Publishing Group 1990, S. 15-19

168 Dies gilt für Medien insgesamt: »Media is a filter while pretending to be a clear window.« Goodman, Steve: The train they call the City of New Orleans. New York: G. P. Putnam 2003, S. 6.

169 Dahn, Daniela: Im Krieg verlieren auch die Sieger. Nur der Frieden kann gewonnen werden. Reinbek: Rowohlt 2022, S. 168

170 Francois du Cluzel, zit.n.: www.nato.int/docu/review/articles/2021/05/20/countering-cognitive-warfare-awareness-and-resilience/index.html

171 Mayer, Thomas: Wahrheitssuche im Ukraine-Krieg. Um was es wirklich geht. Raubling: Jenbachmedia 2023, S. 483, 485

172 Mayer, Thomas: Wahrheitssuche im Ukraine-Krieg. Um was es wirklich geht. Raubling: Jenbachmedia 2023, S. 484f.

173 Baud, Jacques: Irreführende Darstellung in den Medien und Unverständnis der russischen Kriegsführung. *Overton-Magazin*, 06.09.2022, https://overton-magazin.de/hintergrund/politik/ukraine-krieg-irrefuehrende-darstellung-in-den-medien-und-unverstaendnis-der-russischen-kriegsfuehrung/

174 Gräser, Tilo: Pure Hetze statt Qualitätsjournalismus. *Hintergrund*, 16.02.2024, https://www.hintergrund.de/medien/pure-hetze-statt-qualitaetsjournalismus/

175 Michaels, David: The Triumph of Doubt. Dark Money and the Science of Deception, Oxford: Oxford University Press 2020, S. 3

176 Palley, Thomas: Hacking: Europas Außenpolitik wurde von den USA gekapert – die Folgen sind fatal. *Telepolis*, 18.02.2024, https://www.telepolis.de/features/Hacking-Europas-Aussenpolitik-wurde-von-den-USA-gekapert-die-Folgen-sind-fatal-9631313.html?seite=all

177 »Major press outlets also bear responsibility. Rather than seeking to contextualize events properly for their readers, the media have trumpeted the government's preferred narrative. Whatever its motivations, the mainstream media have implemented, and continue to implement, a regime of propaganda that misinforms the public and can only be perceived by Russia as an affront to the national character of its people. Online providers of information are doing much the same. In fact, as the Pulitzer Prize-winning journalist and First Amendment lawyer Glenn Greenwald has shown, massive censorship of dissenting views is now occurring at many levels of society in both the United States and Europa. Although it is difficult to look at the horrific images coming out of Ukraine without revulsion and anger, succumbing to blind emotion and embracing the dominant Western narrative is a dangerous error. It empowers the worst forces in Washington, including the nexus of bureaucratic power and commercial interest... This narrative also enables the most Russophobic and militaristic of European leaders, as well as those with the least guts to stand up to misguided American policies. The narrative clouds the minds of American and European citizens, leading to jingoism and warmongering.« Abelow, Benjamin: How the West brought War to Ukraine: Understanding how U.S. and Nato Policies led to Crisis, War, and the Risk of Nuclear Catastrophe. Great Barrington / Mass.: Siland Press 2022, S. 48f.

178 S. Morelli, Anne: Propaganda During Times of War. In: *The Postil Magazine* v. 1. Mai 2022. https://www.thepostil.com/author/anne-morelli/ (abgerufen am 1. März 2023)

179 »1. Nato's expansion towards Russia's borders; 2. The Maidan Coup & Victoria Nuland's ›Fuck the EU‹; 3. Joe Biden bragging about how he got a Ukrainian prosecutor fired who was investigating an energy firm that had Hunter Biden on its board; 4. Biological Weapons Production Facilities; 5. Ukraine's neo-Nazi Azov Battalion; 6. Zelenskyy's hidden fortune; 7. Human Rights abuses committed in Ukraine; 8. Zelenskyy changing laws to suppress Free Speech; 9. Suppression of the Church; 10. Ukraine's Systemic Corruption Problem.« In: Fournier, Dan: Ten inconvenient Truths about Ukraine largely ignored by the Media. In: *Global Research* v. 14. Januar 2023. https://www.globalresearch.ca/ten-inconvenient-truths-about-ukraine-largely-ignored-by-msm/5804973 (abgerufen am 27. Februar 2023). Dort detailliert beschrieben mit zahlreichen Belegen.

180 »According to multiple former senior U.S. officials we spoke with, in April 2022, Russian and Ukrainian negotiators appeared to have tentatively agreed on the outlines of a negotiated interim settlement: Russia would withdraw to its position on February 23, when it controlled part of the Donbas region and all of Crimea, and in exchange, Ukraine would promise not to seek NATO membership and instead receive security guarantees from a number of countries.« Hill, Fiona u. Stent, Angela: The World Putin Wants. How Distortions About the Past Feed Delusions About the Future. In: *Foreign Affairs*, Sept./October 2022, v. 25. August 2022. https://www.foreignaffairs.com/russian-federation/world-putin-wants-fiona-hill-angela-stent (abgerufen am 1. März 2023). »I have one claim. I claim there was a good chance of reaching a ceasefire.« Bennett, Naftali: Interview Ukraine War Negotiations. https://www.youtube.com/watch?v=ZpCTEBaTFS8 (abgerufen am 1. März 2023). S. Marcetic, Branco: The Grinding War in Ukraine Could Have Ended a Long Time Ago. In: *Jacobin* v. 2. August 2023. https://jacobin.com/2023/02/ukraine-russia-war-naftali-bennett-negotiations-peace (abgerufen am 1. März 2023). Vgl. auch Kujat, Harald: Interview über den Ukrainekonflikt. In: *Alexander Wallasch* v. 24. Januar 2023. https://www.alexander-wallasch.de/gesellschaft/interview-mit-general-a-d-harald-kujat-ueber-den-ukrainekonflikt (abgerufen am 28. Februar 2023)

181 Wendland, Dr. Anna Veronika: Brief an Oberbürgermeister Roland Dantz v. 31.10.2023

182 »This academic investigation concludes that the massacre was a false flag operation, which was rationally planned and carried out with a goal of the overthrow of the government and seizure of power. It found various evidence of the involvement of an alliance of the far right organizations, specifically the Right Sector and Svoboda, and Oligarchic parties, such as Fatherland. Concealed shooters and spotters were located in at least 20 Maidan-controlled buildings or areas.« Katchanovski, Ivan: The ›Snipers Massacre‹ on the Maidan in Ukraine. Paper, American Political Science Association annual meeting, San Francisco, 3.-6. September 2015. https://papers.ssrn.com/sol3/papers.cfm?abstract_id=2658245 (abgerufen am 28. Dezember 2022). Nach dieser Untersuchung wurde das Haus von Katchanovski in der Ukraine enteignet.
Stuchlik, Stephan u.a.: Todesschüsse in Kiew: Wer ist für das Blutbad vom Maidan verantwortlich. *Monitor,* 10.04.2014, https://www.ardmediathek.de/video/monitor/todesschuesse-in-kiew-wer-ist-fuer-das-blutbad-vom-maidan-verantwortlich/das-erste/Y3JpZDovL3dkci5kZS9CZWl0cmFnLTc2ZGM1N2M0LTI0OTAtMTFlNS1hOWE3LTUyMjFhZjBjMmJiNQ
»The massacre at Maidan, therefore, is revealed to be a carefully planned military operation organized in detail, with teams of snipers brought in from various NATO allied countries, unknown to each other, but organized on arrival, given orders and assignments and each sniper team being assigned spotters to help in their deadly work. This is a tactic military sniper teams use so it has to be assumed that each of the sniper teams was controlled by the same people as the team the Italians (journalists) talked to, that is by American soldiers trained in these techniques and who themselves operate in teams. This operation therefore had to be planned and organized on a high level by the American forces and allied NATO governments.« Black, Christopher: The Maidan Massacre: US Army Orders: Sow Chaos. In: *New Eastern Outlook* v. 15. Dezember 2017. https://journal-neo.org/2017/12/15/the-maidan-massacre-us-army-orders-sow-chaos/ (abgerufen am 28. Dezember 2022)
Katchanovski, Ivan: The Maidan massacre in Ukraine: revelations from trials and investigations. In: *MR online* v. 11. Dezember 2021. https://mronline.org/2021/12/11/the-maidan-massacre-in-ukraine/ (abgerufen am 28. Dezember 2022) u. Hahn, Gordon: The Ukrainian Revolution's Neo-Fascist Problem. In: *Fair Observer* v. 23. September 2014. https://www.fairobserver.com/region/europe/the-ukrainian-revolutions-neo-fascist-problem-14785/ (abgerufen am 9. Dezember 2022)
S. van der Pijl, Kees: Der Abschuss. Flug MH17, die Ukraine und der neue Kalte Krieg. Köln: PapyRossa 2018, S.171. Vgl. auch Sakwa, Richard: Frontline Ukraine, Crisis in the Borderlands, London u. New York: I.B.Tauris 2016, S. 83 u. Kudelia, Serhiy: The Donbas Rift. In: Russian Politics and Law Nr. 54 v. 13. Juni 2016, S. 83-85. https://cogentoa.tandfonline.com/doi/epdf/10.1080/10611940.2015.1160707 (abgerufen am 9. Dezember 2022) und Hahn, Gordon: The Ukrainian Revolution's Neo-Fascist Problem. In: *Fair Observer* v. 23. September 2014. https://www.fairobserver.com/region/europe/the-ukrainian-revolutions-neo-fascist-problem-14785/ (abgerufen am 9. Dezember 2022)

183 Micalesian, Gian: The hidden truth about Ukraine – Part 1, https://www.youtube.com/watch?v=wR1NFI6TBH0 und ders.: The hidden truth about Ukraine – part 2, https://www.youtube.com/watch?v=V0rR2Fh1zWI

184 »…Donbas natives made up the majority of the militias from the start of the fighting. This is confirmed by the list of volunteer casualties (which is dominated by Ukrainians), and the database of separatists created with the support of Ukrainian law enforcement agencies, which shows that two thirds of the separatists are locals.« Kudelia, Serhiy: »The Donbas Rift«. In: *Russian Politics & Law*, 13. Juni 2016, S. 5-27, hier: S. 19. https://www.tandfonline.com/doi/full/10.1080/10611428.2017.1316062 (abgerufen am 02.01.2023)
»A grass-roots protest movement welled up throughout March 2014, clearly enjoying popular support. Whereas the Maidan protesters were ›middle class and nationalistic‹, the anti-Maidan movement in the Donbas was ›lower class and anti-oligarchic (and Russian nationalist)‹.« Sakwa, Richard: Frontline Ukraine, Crisis in the Borderlands, London u. New York: I.B.Tauris 2016, S. 149

185 »The background was that President Putin declared in the autumn of 2021, and actually sent a draft treaty that they wanted NATO to sign, to promise no more NATO enlargement. That was what he sent us. And was a pre-condition for not invade Ukraine. Of course, we didn't sign that. The opposite happened. He wanted us to sign that promise, never to enlarge NATO. He wanted us to remove our military infrastructure in all Allies that have joined NATO since 1997, meaning half of NATO, all the Central and Eastern Europe, we should remove NATO from that part of our Alliance introducing some kind of B, or secondclass membership. We rejected that. So he went to war to prevent NATO, more NATO, close to his borders.«
Stoltenberg, Jens: Opening remarks at the joint meeting of the European Parliament's committee on Foreign Affairs (AFET) and the Subcommittee on Security and Defence (SEDE) followed by an exchange of view with Members of the European Parliament. 07. Sept. 2023, https://www.nato.int/cps/en/natohq/opinions_218172.htm#:~:text=The%20background%20was%20that%20President,condition%20for%20not%20invade%20Ukraine

186 »On January 19, 2014, they attacked the police and internal militia on Hrushevsky street. Over the next few days, nearly a hundred people were killed by snipers some of whom, the Ukrainian State Prosecutor's Office would later determine, were located in buildings controlled by the Maidan protesters. The very next day, in what the Commandant of the Maidan, Andriy Parubiy, later described as a coordinated effort to throw the regime into turmoil, regional administrations in several western regions of the country were seized by right-wing groups loyal to the Maidan. The arsenals of several police stations were looted, and their contents distributed to the protesters on the Maidan. As Yanukovych dithered, discontent rose in the east and south of Ukraine, with regional assemblies demanding an end to the violence and, if necessary, martial law... In retrospect, we grossly underestimated the influence of the Far Right, which was not just seeking to sweep away the current political establishment, but the entire political system. On February 20,2014, the foreign ministers of Germany, France, and Poland... flew to Kiew to broker a peace deal. By that time, however, nearly a hundred people had been killed in another round of sniper fire coming, again, it now seems, from the area controlled by the Maidan forces... The 2014 Maidan became a watershed moment for Ukrainian politics, the moment when national politics shifted from the pursuit of consensus to the pursuit of explicit Galician political and cultural dominance. This explains why so many Maloross Ukrainians at the time regarded it as a coup... The escalation of violence at the Maidan was coordinated by Svoboda and the Right Sector, acting together ›as a united front‹... hey aimed at: (1) accomplishing specific military objectives, such as defending the supply lines for the Maidan in Kiev, and preparing a fallback position in Galicia should it fail; and (2) offering the West a narrative that would allow it to support ›moderate‹ political parties, instead of militarized ›radicals‹... During the 2014 Maidan, the Right Sector amassed a large arsenal of weapons and perhaps as many as 10,000 fighters. The creation of what subsequently became known as volunteer battalions was, therefore, not just a response to Russian invasion, but also reflected the a priori view that force might be needed to consolidate and defend the revolution. As the Right Sector's press spokesman pointed out even before Yanukovych's removal from office, ›our group is fully capable of fighting a civil war‹... In light of this history, it is hardly surprising that the regional governments in Donbass strongly supported Yanukovych, that anti-Maidan meetings there gathered tens of thousands of supporters, and that the aforementioned civic groups began to set up their own self-defense forces, in imitation of those set up at the Maidan in Kiev.«
Petro, Nicolai N.: The Tragedy of Ukraine. What classical Greek Tragedy can teach us about Conflict Resolution. Berlin u. Boston: de Gruyter 2023, S. 86-88, 96f., 102, 208f.

187 »As a result, Ukraine is not in any better position to negotiate, as US president Biden promised it would be a year and a half ago. Instead, it is in a far worse bargaining position now than it was during the first weeks of the war, when it initialed a tentative ceasefire agreement with Russia promising to forgo NATO membership in exchange for a Russian withdrawal to its prewar position. At that point, Ukraine could have ended the conflict with relatively few casualties, and its military and infrastructure still intact, but the US blocked peace efforts and urged Ukrainian leaders to fight on in pursuit of US goals, according to several sources who were present at the talks, or in a position to know. And yet, the US has no more achieved any of its goals than Ukraine. It has not seen Russia's military weakened, a goal Defense Secretary Lloyd Austin identified... nor has Russia been ›devastated by sanctions‹ as Treasury Secretary Janet Yellen promised; its economy has, instead, grown... All that has been achieved by prolonging this war is the loss of hundreds of thousands of lives, the loss of tens of thousands of limbs, the devastation of infrastructure and of the environment, and the shattering of global peace and stability.« Petro, Nikolai N.: What's next for Ukraine: The Outlines of a peaceful Settlement. *AntiWar*, 17.11.2023, https://original.antiwar.com/nicolai_petro/2023/11/16/whats-next-for-ukraine-the-outlines-of-a-peaceful-settlement/

188 Bröckers, Mathias u. Paul Schreyer: Wir sind die Guten. Ansichten eines Putinverstehers oder wie uns die Medien manipulieren. München: Piper 2016

189 Tuchman, Barbara: Die Torheit der Regierenden. Von Troja bis Vietnam. München: S. Fischer 1984(3), S. 38.

190 »Perhaps segments of the intellectual classes are so deeply immersed in the propaganda system that they actually can't perceive the absurdity of what they are saying. Either way, it's a stark reminder of the collapse of the arena of rational discourse, right where we might hope that it could be defended.« Chomsky, Noam: Another World is possible. Let's bring it to Reality. Interview in: *Truthout* v. 4. Januar 2023. https://truthout.org/articles/noam-chomsky-another-world-is-possible-lets-bring-it-to-reality/ (abgerufen am 27. Februar 2023)

191 Freud, Sigmund: Zur Einführung in den Narzissmus (1914), in: Kleine Schriften II, https://www.projekt-gutenberg.org/freud/kleine2/Kapitel9.html

192 Lasch, Christopher: The Culture of Narcissism. American Life in an Age of Diminishing Expectations. New York u. London: Norton 2018, S. 64f.

193 Bauman, Zygmunt: Retrotopia. Frankfurt a. M. 2018(2), S. 156

194 Lasch, Christopher: The Culture of Narcissism. American Life in an Age of Diminishing Expectations. New York u. London: Norton 2018, S. 4f.

195 »The new narcissist finds little use for dogmas of racial and ethnic purity but at the same time forfeits the security of group loyalties and regards everyone as a rival for the favors conferred by a paternalistic state. He extols cooperation and teamwork while harboring deeply antisocial impulses. He praises respect for rules and regulations in the secret belief that they do not apply to himself. Acquisitive in the sense that his cravings have no limits, he does not accumulate goods and provisions against the future, in the manner of the acquisitive individualist of nineteenth-century political economy, but demands immediate gratification and lives in a state of restless, perpetually unsatisfied desire.« Lasch, Christopher: The Culture of Narcissism. American Life in an Age of Diminishing Expectations. New York u. London: Norton 2018, S. 4f.

196 Verhaeghe, Paul: Der neoliberale Charakter. Wir leben in einer Wirtschaft, die das Ethos verändert und psychopathische Persönlichkeitsmerkmale belohnt. In: Der Freitag v. 24.10.2014, https://www.freitag.de/autoren/the-guardian/der-neoliberale-charakter

197 Bauman, Zygmunt: Retrotopia. Frankfurt a. M. 2018(2), S. 124f.

198 Erdheim, Mario: Die gesellschaftliche Produktion von Unbewusstheit. Frankfurt a. M.: Suhrkamp 1992, S. 392f.

199 Deleuze, Gilles u. Félix Guattari (1979): Anti-Ödipus. Kapitalismus und Schizophrenie. Frankfurt a. M.: Suhrkamp (2), S. 39

200 Fromm, Erich: Die Angst vor der Freiheit. Frankfurt a. M.: Ullstein 1983, S. 163

201 Staab, Philipp: Digitaler Kapitalismus. Markt und Herrschaft in der Ökonomie der Unknappheit. Frankfurt a. M.: Suhrkamp 2020(2), S. 30

202 Staab, Philipp: Digitaler Kapitalismus. Markt und Herrschaft in der Ökonomie der Unknappheit. Frankfurt a. M.: Suhrkamp 2020(2), S. 270

203 Vogl, Joseph: Kapital und Ressentiment. Eine kurze Theorie der Gegenwart. München: Beck 2022 (2), S. 181

204 Narr, Wolf-Dieter: Hin zu einer Gesellschaft bedingter Reflexe. In: Habermas, Jürgen (Hg.): Stichworte zur »Geistigen Situation der Zeit«. Frankfurt a. M.: Suhrkamp 1979, Bd. 2, S. 489–528, hier: S. 523

205 Engler, Wolfgang: Die offene Gesellschaft und ihre Grenzen. Berlin: Matthes & Seitz 2021, S. 104

206 Abels, Heinz: Triebabfuhr. In: Ders.: Wirklichkeit. Über Wissen und andere Definitionen der Wirklichkeit, über uns und andere, Fremde und Vorurteile. Wiesbaden: VS Verlag 2009, S. 257

207 Zit. n. Klöckner, Marcus: Entgleisung bei Markus Lanz. *Nachdenkseiten*, 14.04.2022, https://www.nachdenkseiten.de/?p=82944

208 »As far as the Ukraine is concerned, it was no doubt fair game to spread disinformation, but it was both immoral and criminal to amplify these lies in our own countries and thus consciously encourage the development of a form of Russophobia. There is no doubt that our journalists should be held to account in court for deliberately inciting hatred... So, instead of showing some restraint, our media sought to add fuel into the fire.« Baud, Jacques: The Russian Art of War. How the West led Ukraine to Defeat. Paris: Max Milo 2023, S. 295f.

209 Altrogge, Georg: NDR-Journalist Patrik Baab – Ansichten eines Grenzgängers. In: *Die Welt* v. 30. September 2022. https://www.welt.de/politik/plus241363835/NDR-Journalist-Patrik-Baab-bei-Scheinwahlen-in-der-Ostukraine-Ansichten-eines-Grenzgaengers.html

210 Staab, Philipp: Digitaler Kapitalismus. Markt und Herrschaft in der Ökonomie der Unknappheit. Frankfurt a. M.: Suhrkamp 2020(2), S. 274f.

211 Staab, Philipp: Digitaler Kapitalismus. Markt und Herrschaft in der Ökonomie der Unknappheit. Frankfurt a. M.: Suhrkamp 2020(2), S. 301

212 Staab, Philipp: Digitaler Kapitalismus. Markt und Herrschaft in der Ökonomie der Unknappheit. Frankfurt a. M.: Suhrkamp 2020(2), S. 282–286

213 Staab, Philipp: Digitaler Kapitalismus. Markt und Herrschaft in der Ökonomie der Unknappheit. Frankfurt a. M.: Suhrkamp 2020(2), S. 286

214 Baab, Patrik: »Umstritten bedeutet nur, dass man nicht angepasst ist wie die woken Fönfrisuren«. Interview, *Overton-Magazin*, 13.01.2024, https://overton-magazin.de/dialog/umstritten-bedeutet-nur-dass-man-nicht-angepasst-ist-wie-die-woken-foenfrisuren/l

215 Baud, Jacques: Die deutsche Regierung besteht heute aus Fanatikern. *Overton-Magazin*, 04.03.2024, https://overton-magazin.de/dialog/die-deutsche-regierung-besteht-heute-aus-fanatikern/

216 Gramsci, A.: Gefängnishefte, Bd. 3, 4. U. 5. Heft. Berlin: Argument 1992, S. 515, 554, 659

217 Seliger, Marco: Deutschland soll kriegstüchtig werden. Das heißt, die Zeiten sind vorbei, als das Land Checks ausstellte und dafür andere den Kopf hinhielten. *Neue Zürcher Zeitung*, 05.11.2023, https://www.nzz.ch/international/pistorius-und-die-kriegstuechtigkeit-deutschland-muss-kaempfen-lernen-ld.1763792

218 Baab, Patrik: Lügen durch Weglassen. Wie der MDR mit Gebührengeldern NATO-Propaganda unters Volk bringt. *Overton-Magazin*, 24.11.2023, https://overton-magazin.de/hintergrund/gesellschaft/luegen-durch-weglassen/

219 »There is no such thing in America as an independent press, unless it is in the country towns. You know it and I know it. There is not one of you who dares to write his honest opinions, and if you did you know beforehand that it would never appear in print. I am paid one hundred and fifty dollars a week for keeping my honest opinions out of the paper I am connected with – others of you are paid similar salaries for similar things – and any of you who would be so foolish as to write his honest opinions would be out on the streets looking for another job. The business of the New York journalist is to destroy the truth, to lie outright, to pervert, to vilify, to fawn at the feet of the Mammon, and what folly is this to be toasting an ›Independent Press‹. We are the tools and vassals of rich men behind the scenes. We are the jumping-jacks; they pull the strings, and we dance. Our talents, our possibilities and our lives are all the property of other men. We are intellectual prostitutes.« Sinclair, Upton: The Brass Check. Pasadena, Cal.: Published by the author 1919, digitalized for Project Gutenberg by Jane Rutledge, S. 366 f.

220 Habermas, Jürgen: Strukturwandel der Öffentlichkeit. Untersuchungen zu einer Kategorie der bürgerlichen Gesellschaft. Neuwied u. Berlin: Luchterhand 1976(8), S. 233, 273

221 Horkheimer, Max u. Theodor W. Adorno: Dialektik der Aufklärung. Frankfurt a. M.: Fischer 1982, S. 3

222 Schack, Ramon: Das Zeitalter der Idiotie. Wie Europa seine Zukunft verspielt. Berlin: edition ost 2023, S. 9 f.

223 Vogl, Joseph: Kapital und Ressentiment. Eine kurze Theorie der Gegenwart. München: Beck 202 (2), S. 182

224 La Baume, Maia de u. Jacopo Barigazzi: EU agrees to give E500M in arms, aid to Ukrainian military in ›watershed‹ move. *Politico*, 27.02.2022, https://www.politico.eu/article/eu-ukraine-russia-funding-weapons-budget-military-aid/

225 Balachuk,Iryna u. Roman Romaniuk: Possibility of talks between Zelenskyy and Putin came to halt after Johnson's visit – UP sources. *Ukrainska Pravda*, 05.05.2022, https://www.pravda.com.ua/eng/news/2022/05/5/7344206

226 Balmforth, Tom u. Andrea Shalal: UK's Boris Johnson, in Kyiv, warns against ›flimsy‹ plan for talks with Russia. *Reuters*, 24.08.2022, https://www.reuters.com/world/europe/uks-johnson-kyiv-warns-against-flimsy-plan-talks-with-russia-2022-08-24/

227 Baud, Jacques: The Russian Art of War. How the West led Ukraine to Defeat. Paris: Max Milo 2024, S. 318

228 Markel, Gerhard: Was bleibt von der Ukraine? Wir haben alle verloren. *Exxpress*, 30.12.2023, https://exxpress.at/gerald-markel-was-bleibt-von-der-ukraine-wir-haben-alle-verloren/

Abelow, Benjamin: How the West brought War to Ukraine: Understanding how U.S. and Nato Policies led to Crisis, War, and the Risk of Nuclear Catastrophe. Great Barrington / Mass.: Siland Press 2022

Abels, Heinz: Triebabfuhr. In: Ders.: Wirklichkeit. Über Wissen und andere Definitionen der Wirklichkeit, über uns und andere, Fremde und Vorurteile. Wiesbaden: VS Verlag 2009

Althusser, Louis: Idéologie et appareils idéologiques d'État. In: La Pensée, Nr. 151, Juni 1970, S. 22, http://classiques.uqac.ca/contemporains/althusser_louis/ideologie_et_AIE/ideologie_et_AIE.pdf

Altrogge, Georg: NDR-Journalist Patrik Baab – Ansichten eines Grenzgängers. In: *Die Welt* v. 30. September 2022. https://www.welt.de/politik/plus241363835/NDR-Journalist-Patrik-Baab-bei-Scheinwahlen-in-der-Ostukraine-Ansichten-eines-Grenzgaengers.html

Anders, Günter: Die Antiquiertheit des Menschen. Erster Band: Über die Seele im Zeitalter der zweiten industriellen Revolution. München: Beck 1983(6)
AFU Soldier in Bakhmut says they lose 2 Companies per Day... 1 Bataillon per Week. *Bitchute*, 02.03.2023, https://www.bitchute.com/video/WFZMB0E15YI7/

Angerer, Eric: 400.000 gefallene Ukrainer bestätigt. *TKP*, 1. September 2023, https://tkp.at/2023/09/01/400-000-gefallene-ukrainer-bestaetigt/
A referendum that people earned with blood. International observers shared their impressions of the plebiscite in Donbass and the liberated territories. Civic Chamber of the Russian Federation v. 29. September 2022. http://oprf.ru/news/6553?lang=en

AP News: Mexican president slams NATO policy in Ukraine: In: *AP News* v.13. Juni 2022. https://apnews.com/article/russia-ukraine-mexico-caribbean-nato-b9aaddc8e3da3ad2b2cc013a6e8ff4bb

Baab, Patrik: Auf beiden Seiten der Front. Meine Reisen in die Ukraine. Frankfurt a. M.: Fifty-Fifty 2023

Baab, Patrik: Lügen durch Weglassen. Wie der MDR mit Gebührengeldern NATO-Propaganda unters Volk bringt. *Overton-Magazin*, 24.11.2023, https://overton-magazin.de/hintergrund/gesellschaft/luegen-durch-weglassen/

Baab, Patrik: »Umstritten bedeutet nur, dass man nicht angepasst ist wie die woken Fönfrisuren«. Interview, *Overton-Magazin*, 13.01.2024, https://overton-magazin.de/dialog/umstritten-bedeutet-nur-dass-man-nicht-angepasst-ist-wie-die-woken-foenfrisuren/l

Babić, Sanjo: Donbass – Das war auch nach deutschem Recht ein Genozid. In: *ExtremNews* v. 23. Februar 2022. https://www.extremnews.com/berichte/weltgeschehen/5cc61885a5a2c0b

Babst, Stefanie: Sehenden Auges. Mut zum strategischen Kurswechsel. München 2023

Balachuk,Iryna u. Roman Romaniuk: Possibility of talks between Zelenskyy and Putin came to halt after Johnson's visit – UP sources. *Ukrainska Pravda*, 05.05.2022, https://www.pravda.com.ua/eng/news/2022/05/5/7344206

Balmforth, Tom u. Andrea Shalal: UK's Boris Johnson, in Kyiv, warns against »flimsy« plan for talks with Russia. *Reuters*, 24.08.2022, https://www.reuters.com/world/europe/uks-johnson-kyiv-warns-against-flimsy-plan-talks-with-russia-2022-08-24/

Baud, Jacques: Die deutsche Regierung besteht heute aus Fanatikern. *Overton-Magazin*, 04.03.2024, https://overton-magazin.de/dialog/*die-deutsche-regierung-besteht-heute-aus-fanatikern/*

Baud, Jacques: *Opération Z. Paris:* Max Milo 2022

Baud, Jacques: The Russian Art of War. How the West led Ukraine to Defeat. Paris_ Max Milo *2024*

Baud, Jacques: Putin – Herr des Geschehens? Frankfurt a. M.: Westend 2023

Baud, Jacques: Ukraine-Krieg: Irreführende Darstellung in den Medien und Unverständnis der russischen kriegsführung. *Overton-Magazin*, 06.09.2022, https://overton-magazin.de/hintergrund/politik/ukraine-krieg-irrefuehrende-darstellung-in-den-medien-und-unverstaendnis-der-russischen-kriegsfuehrung/

Bauman, Zygmunt: Retrotopia. Frankfurt a. M.: Suhrkamp 2018(2)

Beebe, George u. Anatol Lieven: Der letzte Versuch der Europäer, den Sieg in der Ukraine zu erringen. *Telepolis*, 03.03.2024, https://www.telepolis.de/features/Der-letzte-Versuch-der-Europaeer-den-Sieg-fuer-die-Ukraine-zu-erringen-9644037.html?seite=all

Beebe, George: The Myth of a strong postwar Ukraine. *Responsible Statecraft,* 10.08.2023, https://responsiblestatecraft.org/2023/08/10/the-myth-of-a-strong-postwar-ukraine/ Beim Beschuss von Donezk wurden ein Hotel und sechs Häuser beschädigt. In: *Ria Nowosti* v. 28.09.2022 (При обстреле Донецка были повреждены гостиница и шесть домов, РИА Новости), https://ria.ru/20220928/donetsk-1819969758.html

Bennett, Naftali: Interview Ukraine War Negotiations. https://www.youtube.com/watch?v=ZpCTEBaTFS8

Black, Christopher: The Maidan Massacre: US Army Orders: Sow Chaos. In: *New Eastern Outlook* v. 15. Dezember 2017. https://journal-neo.org/2017/12/15/the-maidan-massacre-us-army-orders-sow-chaos/

Blutbad am Maidan: Wer waren die Todesschützen? Interview m. Stephan Stuchlik. *Telepolis*, 12. April 2014, https://www.telepolis.de/features/Blutbad-am-Maidan-Wer-waren-die-Todesschuetzen-3364803.html

Bosnic, Drago: Kiev Regime flooding Black Markets with NATO-sourced Weapons. *Geopolitics*, 04.03.2023, https://geopolitics.co/2023/03/04/kiev-regime-flooding-black-markets-with-nato-sourced-weapons/#

Bourdieu, Pierre: Die feinen Unterschiede. Kritik der gesellschaftlichen Urteilskraft. Frankfurt a. M.: Suhrkamp 1982

Bourdieu, Pierre: Über das Fernsehen. Frankfurt a. M.: Suhrkamp 1998

Brinkmann, Janis: Journalismus. Eine praktische Einführung. Baden-Baden: Nomos 2021

Bröckers, Mathias u. Paul Schreyer: Wir sind die Guten. Ansichten eines Putinverstehers oder wie uns die Medien manipulieren. München: Piper 2016

Brzezinski, Zbigniew: Die einzige Weltmacht, Frankfurt a. M.: Fischer 1999, https://archive.org/details/ZbigniewBrzezinskiDieEinzigeWeltmachtAmerikasStrategieDerVorherrschaftVierteAufl/page/n247/mode/2up

Buttkereit, Helge: Journalismus als Legitimation. Journalisten dürfen nicht in die Ostukraine fahren. Oder Veranstaltungen besuchen, die quer zum Mainstream sind. Denn ihre Anwesenheit »Legitimiert«. So zumindest die Kritik an einem Journalisten, der in der Ostukraine recherchiert hat. Dieses Verständnis von Journalismus hat weitreichende Folgen. In: *Hintergrund* v. 30. September 2022. https://www.hintergrund.de/allgemein/rundschau/journalismus-als-legitimation/?highlight=baab

Chomsky, Noam: Another World is possible. Let's bring it to Reality. Interview in: *Truthout* v. 4. Januar 2023. https://truthout.org/articles/noam-chomsky-another-world-is-possible-lets-bring-it-to-reality/

Chomsky, Noam u. Edward Hermann: Manufacturing Consent: The Political Economy of the Mass Media. London: The Bodley Head 2008

Chossudowsky, Michel: Ukraine, what is the End-Game? The Privatization of an entire Country. Michelchossudovsky@substack.com, 14.02.2024, https://michelchossudovsky.substack.com/p/what-is-the-end-game-the-privatization

Colchester, Max, Thomas Grove, James Marson: Document from 2022 reveals Putin's punishing Terms for Peace. *Wall Street Journal*, 01.03.2024, https://www.wsj.com/world/russia-ukraine-peace-deal-2022-document-6e12e093

Cole, Brendan: China Supplying Russia with Technology Despite Sanctions–Report. In: *Newsweek* v. 24. Januar 2023. https://www.newsweek.com/russia-ukraine-sanctions-silverado-trade-technology-china-1776013

Cooper, Luke: After the Ukraine Recovery Conference 2023: Lessons and themes for 2024. Confidential Memo. London School of Economics. 2023.

Cristaudo, Wayne: The Narrative of Sham Elections. In: *The Postil Magazine* v. 1. November 2022. https://www.thepostil.com/the-narrative-of-sham-elections/?print-pos

Crouch, Colin: Postdemokratie revisited. Frankfurt a. M.: Suhrkamp 2021

Dagdelen, Sevim: Kriegshaushalt. Bundestag beschließt Haushalt 2024. *junge Welt*, 03.02.2024, https://www.jungewelt.de/artikel/468553.kriegshaushalt.html

Dahn, Daniela: Im Krieg verlieren auch die Sieger. Nur der Frieden kann gewonnen werden. Reinbek: Rowohlt 2022

DeCamp, Dave: CBS removes Documentary on Ukraine military aid after pressure from Ukrainian government. *Anti-War,* 08.08.2022, https://news.antiwar.com/2022/08/08/cbs-removes-documentary-on-ukraine-military-aid-after-pressure-from-ukrainian-government/

De Lapuente, Roberto J.: Der Fall Baab: Journalismus als Delikt. In: *Neulandrebellen* v. 2. März 2023. https://www.neulandrebellen.de/2023/03/der-fall-baab-journalismus-als-delikt/

Deleuze, Gilles u. Félix Guattari (1979): Anti-Ödipus. Kapitalismus und Schizophrenie. Frankfurt a. M.: Suhrkamp (2)

Deutsche Gesellschaft für Auswärtige Politik: Die Zukunft der Sicherheitsarchitektur in Europa. Diskussion, 20.02.2024, https://dgap.org/de/veranstaltungen/die-zukunft-der-sicherheitsarchitektur-europa. Memo des Autors.

Deutsche Welle: Deutschland und Ukraine unterzeichnen Sicherheitsabkommen, *DW* v. 16.02.2024, https://www.dw.com/de/deutschland-und-ukraine-unterzeichnen-sicherheitsabkommen/a-68275804

Deutscher Bundestag: 20. Wahlperiode, DS 20/5822

Devlin, Jessica: Allegations of Ukrainian Weapon Supply to Hamas raise Concerns amidst Israel-Hamas Conflict. *DC Weekly*, 30.10.2023, https://dcweekly.org/2023/10/30/allegations-of-ukrainian-weapon-supply-to-hamas-raise-concerns-amidst-israel-hamas-conflict/
Donezk meldet 48 ukrainische Angriffe und zwei verletzte Zivilisten binnen 24 Stunden. In: *ExtremNews* v. 28.09.2022, https://www.extremnews.com/nachrichten/weltgeschehen/f42718d07477987/4d718d0748048c/info

Echols, Connor: Diplomacy Watch: Did Boris Johnson help stop a peace deal in Ukraine? *Responsible Statecraft*, 05.09.2022, https://responsiblestatecraft.org/2022/09/02/diplomacy-watch-why-did-the-west-stop-a-peace-deal-in-ukraine/

Echols, Connor: Diplomacy Watch: New revelations shed light on early talks. *Responsible Statecraft*, 01.12.2023, https://responsiblestatecraft.org/ukraine-peace-talks/

Economist, The: Ukraine's commander-in-chief on the breakthrough he needs to beat Russia: General Valery Zaluzhny admits the war is at a stalemate. *The Economist*, 01.11.2023

Economist, The: Ukraine's counter-offensive is making progress, slowly: Ten weeks in, the army is starting to figure out what works. *The Economist* v. 6. August 2023, https://www.economist.com/europe/2023/08/16/ukraines-counter-offensive-is-making-progress-slowly

Egner, Heike u. Anke Uhlenwinkel: Entlassung und öffentliche Degradierung von Professorinnen. Eine empirische Analyse struktureller Gemeinsamkeiten anscheinend unterschiedlicher »Fälle«. Beiträge zur Hochschulforschung H. 1 / 2, 2021, S. 62-84. https://uni-salzburg.elsevierpure.com/de/publications/entlassung-und-%C3%B6ffentliche-degradierung-von-professorinnen-eine-e

Engler, Wolfgang: Die offene Gesellschaft und ihre Grenzen. Berlin: Matthes & Seitz 2021

Erdheim, Mario: Die gesellschaftliche Produktion von Unbewusstheit. Frankfurt a. M.: Suhrkamp 1992

Fazi, Thomas: Lord Skidelsky: »We're not helping Ukraine by continuing to support a war it cannot win.« *Substack* v. 24. September 2023, https://tfazi.substack.com/p/lord-skidelsky-were-not-helping-ukraine?publication_id=560592&post_id=137348004&isFreemail=true&r=9vuj8

Foundation to battle Injustice: Zelensky, Ukrainian Officials and an American Merchant of Death resell Western Weapons to Terrorists and Drug Cartels: Earning hundreds of millions of Dollars. *Foundation to battle Injustice,* https://fondfbr.ru/en/articles/west-arms-black-market-en/

Fournier, Dan: Ten inconvenient Truths about Ukraine largely ignored by the Media. In: *Global Research* v. 14. Januar 2023. https://www.globalresearch.ca/ten-inconvenient-truths-about-ukraine-largely-ignored-by-msm/5804973

Frankfurter Allgemeine Zeitung: Ukraine deckt massiven Betrug bei Waffenlieferungen auf, *Frankfurter Allgemeine Zeitung*, 28.01.2024.

Frankfurter Rundschau: »Lassen Sie die 300 Verwundeten zurück«. Berichte über chaotischen Rückzug aus Awdijiwka erschüttern. *Frankfurter Rundschau*, 21.02.2024, https://www.fr.de/politik/ukraine-russland-krieg-verletzte-selenskyj-awdijiwka-rueckzug-92843527.html

Freud, Sigmund: Zur Einführung in den Narzissmus (1914), in: Kleine Schriften II, https://www.projekt-gutenberg.org/freud/kleine2/Kapitel9.html

Fromm, Erich: Die Angst vor der Freiheit. Frankfurt a. M.: Ullstein 1983

Galeotti, Mark u. Anna Arutunyan: Pease and Proliferation. The Russo-Ukrainian war and the illegal arms trade. *Global Initiative Research Report*, März 2023, https://globalinitiative.net/analysis/russia-ukraine-war-illegal-arms-trade/

Gall, Carlotta, Marc Santora, Constant Méheut: Avdiivka, longtime Stronhold for Ukraine, falls to Russia. *New York Times*, 18.02.2024, https://www.nytimes.com/2024/02/17/world/europe/ukraine-avdiivka-withdraw-despair.html

Gamio, Lazaro u. Swanson, Ana: How Russia Pays for War. In: *New York Times* v. 30. Oktober 2022. https://www.nytimes.com/interactive/2022/10/30/business/economy/russia-trade-ukraine-war.html

Gehrke, Joel: NATO's Europeans to set spending record. *The Washington Examiner,* 14.02.2024, https://www.washingtonexaminer.com/policy/foreign-policy/2856993/nato-defense-spending-record-europeans-stoltenberg/

Goodman, Steve: The train they call the City of New Orleans. New York: G. P. Putnam 2003

Gordon Ash, Timothy, Ivan Krastev, Mark Leonard: United West, divided from the rest: Global public opinion one year into Russia'a war on Ukraine. European Council on Foreign Relations, Policy Brief, 22.02.2023, https://ecfr.eu/publication/united-west-divided-from-the-rest-global-public-opinion-one-year-into-russias-war-on-ukraine/

Gräser, Tilo: Die nicht gewollte Friedenschance von Istanbul im Frühjahr 2022. *Nachdenkseiten*, 13.02.2024, https://www.nachdenkseiten.de/?p=110970 und 14.02.2024, https://www.nachdenkseiten.de/?p=111011

Gräser, Tilo: Pure Hetze statt Qualitätsjournalismus. *Hintergrund*, 16.02.2024, https://www.hintergrund.de/medien/pure-hetze-statt-qualitaetsjournalismus/

Graham, Lindsey: Die Ukraine ist ein gutes Geschäft für die USA. RT.de, 27.09.2023, https://freeassange.rtde.life/kurzclips/video/182018-us-senator-graham-ukraine-ist/

Gramsci, Antonio: Gefängnishefte, Bd. 3, 4. U. 5. Heft. Berlin: Argument 1992

Habermas, Jürgen: Strukturwandel der Öffentlichkeit. Untersuchungen zu einer Kategorie der bürgerlichen Gesellschaft. Neuwied u. Berlin: Luchterhand 1976(8)

Habermas, Jürgen: Theorie des kommunikativen Handelns. Frankfurt a. M.: Suhrkamp 1981

Hahn, Gordon: The Ukrainian Revolution's Neo-Fascist Problem. In: *Fair Observer* v. 23. September 2014. https://www.fairobserver.com/region/europe/the-ukrainian-revolutions-neo-fascist-problem-14785/

Hancock, Alice: EU imports record volumes of liquefied natural gas from Russia: *Financial Times*, 30. August 2023, https://www.ft.com/content/1e70ff72-52d8-46b6-a8f4-fcc86fb88a6d

Hartung, William D.: Warum der militärisch-industriele Komplex in Feierlaune ist. *Telepolis*, 14.11.2023, https://www.telepolis.de/features/Warum-der-militaerisch-industrielle-Komplex-in-Feierlaune-ist-9521995.html?seite=all

Hecking, Claus u. Michael Brächer: Deutschland importiert offenbar russisches Öl über Indien. *Der Spiegel* v. 12. Sept. 2023, https://www.spiegel.de/wirtschaft/trotz-sanktionen-deutschland-importiert-offenbar-russisches-oel-ueber-indien-a-8000ac08-b1d3-4408-8f6d-5d9e7cdd8bf9

Hegel, Georg Wilhelm Friedrich: Phänomenologie des Geistes. Werke 3. Frankfurt: Suhrkamp 1983

Hegel, Georg Wilhelm Friedrich: Wissenschaft der Logik II. Werkausgabe, Bd. 6. Frankfurt a. M.: Suhrkamp 1983

Herman, Edward S. u. Noam Chomsky: Manufactoring Consent: The Political Economy of the Mass Media. London: The Bodley Head 2008

Hersh, Seymour: Hersh, Seymour: Zelensky's »Bad Moment«. The Ukrainian leader resorts to lies and threats at the tail end of a failing. *Substack* v. 21. September 2023, https://seymourhersh.substack.com/p/zelenskys-bad-moment

Hill, Fiona u. Stent, Angela: The World Putin Wants. How Distortions About the Past Feed Delusions About the Future. In: *Foreign Affairs*, Sept./October 2022, v. 25. August 2022. https://www.foreignaffairs.com/russian-federation/world-putin-wants-fiona-hill-angela-stent

Hintergrund.de: Journalismus im ZDF in der Kritik: Öffentlich-rechtlicher Sender berichtet aus Mariupol in der Ostukraine. Kritiker monieren Darstellung zugunsten Russlands. *Hintergrund*, 31.01.2024, https://www.hintergrund.de/kurzmeldung/journalismus-im-zdf-in-der-kritik/

Hock, Martin: »Der kommende Winter wird schwierig«. Fachleute sehen zwar in Russland den großen Verlierer des Ukrainekriegs. Doch Deutschland droht eine Deindustrialisierung. In: *Frankfurter Allgemeine Zeitung* v. 12. Oktober 2022, S. 28.

Hoefer, Carsten: Das Gespenst der Deindustrialisierung. In: DPA v. 17. Oktober 2022

Horkheimer, Max u. Theodor W. Adorno: Dialektik der Aufklärung. Frankfurt a. M.: Fischer 1982

Hübschen, Jürgen: Die Ukraine hat den Krieg verloren – nur keiner im Westen sagt es. *Overton-Magazin*, 09.01.2024, https://overton-magazin.de/hintergrund/politik/die-ukraine-hat-den-krieg-verloren-nur-keiner-im-westen-sagt-es/

Hudson, Michael: Stürzendes US-Wirtschaftsimperium, Europas Angst und Chinas Aufstieg. *Telepolis*, 3. August 2023, https://www.telepolis.de/features/Stuerzendes-US-Wirtschaftsimperium-Europas-Angst-und-Chinas-Aufstieg-9233187.html

Initiative Tageszeitung e.V.: Online-Lexikon Presserecht: Tendenzschutz. *Initiative Tageszeitung e.V.*, https://initiative-tageszeitung.de/lexikon/tendenzschutz/

Institute for the Study of War: Russian Offensive Campaign assessment, 22.02.2024, https://understandingwar.org/backgrounder/russian-offensive-campaign-assessment-february-22-2024

International Energy Agency: Oil Market report: September 2023, *International Energy Agency*, Sept. 2023, https://www.iea.org/reports/oil-market-report-september-2023

ISD News Network: Hamas is using Ukrainian weapons in the war, new »evidence« has emerged: *ISD News Network*, 28.10.2023, https://www.indiaspeaksdaily.com/hamas-is-using-ukrainian-weapons-in-the-war-new-evidence-has-emerged/

Ishchenko, Volodymyr: Far right participation in the Ukrainian Maidan protests: an attempt of systematic estimation. In: European Politics and Society. London: Routledge 2016, S. 459. https://www.academia.edu/33401339/Far_right_participation_in_the_Ukrainian_Maidan_protests_an_attempt_of_systematic_estimation

Ishchenko, Volodymyr: Ukraine's Fractures. In: *New Left Review* Nr. 87 v. Mai/Juni 2014. https://newleftreview.org/issues/ii87/articles/volodymyr-ishchenko-ukraine-s-fractures

Jahn, Philipp, Olga Sviridenko, Stephan Stuchlik: Todesschüsse in Kiew: Wer ist für das Blutbad vom Maidan verantwortlich? Monitor, *Das Erste* v. 10. April 2014, https://www.ardmediathek.de/video/monitor/todesschuesse-in-kiew-wer-ist-fuer-das-blutbad-vom-maidan-verantwortlich/das-erste/Y3JpZDovL3dkci5kZS9CZWl0cmFnLTc2ZGM1N2M0LTI0OTAtMTFlNS1hOWE3LTUyMjFhZjBjMmJiNQ

Johnstone, Caitlin: This War Wasn't Just Provoked – It Was Provoked Deliberately. *Caitlin's Newsletter*, 24. Sept. 2023, https://www.caitlinjohnst.one/p/this-war-wasnt-just-provoked-it-was

Kant, Immanuel: Logik. Akademie-Ausgabe, Bd. 16, Berlin 1902 ff., S. 459. http://kant.korpora.org/Band16/459.html

Karaganov, Sergey A.: How to Prevent a Third World War. Russia in *Global Affairs*, 26. Sept. 2023, https://eng.globalaffairs.ru/articles/how-to-prevent-a-third-world-war/

Karaganov, Sergey: Nuclear War can be won. Moskovsky Komsomolets, 11.10.2023, https://karaganov.ru/en/nuclear-war-can-be-won/

Karaganov, Sergey: Russland ist mit dem Westen endgültig fertig. *RT.de*, 06.01.2024, https://freeassange.rtde.life/international/191826-russlands-affaere-mit-staaten-westens/

Karaganov, Sergey: Weshalb Russland Europa endgültig aufgeben und sich gänzlich Asien zuwenden muss. *RT.de*, 18.02.2024, https://de.rt.com/meinung/196404-weshalb-russland-europa-endgueltig-aufgeben-muss/

Katchanovski, Ivan: The Maidan massacre in Ukraine: revelations from trials and investigations. In: *MR online* v. 11. Dezember 2021. https://mronline.org/2021/12/11/the-maidan-massacre-in-ukraine/

Katchanovski, Ivan: The ‚Snipers Massacre' on the Maidan in Ukraine. Paper, American Political Science Association annual meeting, San Francisco, 3.-6. September 2015. https://papers.ssrn.com/sol3/papers.cfm?abstract_id=2658245

Khurshudyan, Isabelle, Paul Sonne, Karen DeYoung: Ukraine short of skilled troops and ammunition as losses, pessimism grow. *Washington Post*, 13.03.2023, https://www.washingtonpost.com/world/2023/03/13/Ukraine-casualties-pessimism-ammunition-shortage/

Klöckner, Marcus: Entgleisung bei Markus Lanz. *Nachdenkseiten*, 14.04.2022, https://www.nachdenkseiten.de/?p=82944

Klöckner, Marcus: Sabotierte Wirklichkeit oder: Wenn Journalismus zur Glaubenslehre wird. Frankfurt a. M.: Westend 2019

Koppold, Rupert: Auf geht's! Tschaikowsky, Tolstoi und Co. Ausmerzen! *Nachdenkseiten* v. 4. Juli 2023, https://www.nachdenkseiten.de/?p=100370b

Kossov, Igor: New brigade bears heavy brunt of Russia's onslaught in Kharkiv Oblast. *The Kyiv Independent*, 01.09.2023, https://kyivindependent.com/new-brigade-bears-heavy-brunt-of-russias-onslaught-in-kharkiv-oblast/

Kudelia, Serhiy: The Donbas Rift. In: Russian Politics and Law Nr. 54 v. 13. Juni 2016, https://cogentoa.tandfonline.com/doi/epdf/10.1080/10611940.2015.1160707

Kulu, Hill, Sarah Christison, Chia Liu, Júlia Mikolai: The War and the Future of Ukraine's Population. University of St. Andrews: *MigrantLife Working Paper* 9, 2022, http://migrantlife.wp.st-andrews.ac.uk/files/2022/03/The-War-and-the-Future-of-Ukraines-Population.pdf

Kujat, Harald: Je länger der Krieg dauert, umso mehr neigt sich das Geschehen zugunsten Russlands. *Overton-Magazin*, 24.12.2023, https://overton-magazin.de/top-story/je-laenger-der-krieg-dauert-umso-mehr-neigt-sich-das-geschehen-zugunsten-russlands/

Kujat, Harald: Interview über den Ukrainekonflikt. In: *Alexander Wallasch* v. 24. Januar 2023. https://www.alexander-wallasch.de/gesellschaft/interview-mit-general-a-d-harald-kujat-ueber-den-ukrainekonflikt

Kuznetsova, Anna: Dreizehn Menschen starben an einer Bushaltestelle im Distrikt Kuibyshevsky in Donezk. *News UA RU* v. 19. September 2022 (Анна Кузнецова: 13 человек погибли на остановке в Куйбышевском районе Донецка. https://newsua.ru/news/83406-13-chelovek-pogibli-na-ostanovke-v-kujbyshevskom-rajone-donetska-v-rezultate-segodnyashnego-obstrela-vsu-sredi-nikh-dvoe-detej-video-18

La Baume, Maia de u. Jacopo Barigazzi: EU agrees to give E500M in arms, aid to Ukrainian military in »watershed« move. *Politico*, 27.02.2022, https://www.politico.eu/article/eu-ukraine-russia-funding-weapons-budget-military-aid/

Lasch, Christopher: The Culture of Narcissism. American Life in an Age of Diminishing Expectations. New York u. London: Norton 2018

Lauterbach, Reinhard: Moskau bleibt sanktionsfest. *junge Welt*, 13.02.2024, https://www.jungewelt.de/artikel/469238.russische-wirtschaft-moskau-bleibt-sanktionsfest.html

Lauterbach, Reinhard: Alles muss raus. In der Ukraine läuft eine Kampagne zur vollständigen »Derussifizierung« des öffentlichen Raums. In: *junge Welt* v. 15. Januar 2023, S. 11, https://www.jungewelt.de/loginFailed.php?ref=/artikel/442862.ukraine-alles-muss-raus.html

Lee, Martin A. u. Norman Solomon: Unreliable Sources. A Guide to detecting Bias in Media. New York: Carol Publishing Group 1990

Lindenmaier, Iris: Ehemaliger UN-Waffeninspektor: »Die Ukraine hat keine Soldaten und keine Munition mehr«. *Epochtimes* v. 25. Juli 2023, https://www.epochtimes.de/politik/ausland/ehemaliger-un-waffeninspektor-die-ukraine-hat-keine-soldaten-und-keine-munition-mehr-a4351767.html?welcomeuser=1

Lovett, Ian, Marcus Walker, Nikita Nikolaienko: »A Wall of Steel«: Ukrainian Troops face hard Slog in Offensive's first Days. *Wall Street Journal*, 10. Juni 2023, https://www.wsj.com/articles/ukraine-achieves-mixed-success-in-counteroffensives-early-battles-says-u-k-e0b40334

Lukács, Georg: Geschichte und Klassenbewusstsein, Darmstadt/Neuwied: Luchterhand 1970 (1923)

Luxemburg, Rosa: Die Krise der Sozialdemokratie. In: dies.: Politische Schriften II, Frankfurt a. M. 1975, S. 19–157

Macdonald, Alistair: The War in Ukraine is also a giant Arms Fair. *Wall Street Journal*, 26.09.2023, https://www.wsj.com/world/europe/the-war-in-ukraine-is-also-a-giant-arms-fair-20841740

Maier, Michael: Entwurf zu Friedensvertrag zwischen Russland und Ukraine geleakt. *Berliner Zeitung*, 06.03.2024, https://www.berliner-zeitung.de/politik-gesellschaft/entwurf-zu-friedensvertrag-zwischen-russland-und-ukraine-geleakt-li.2193798

Marcetic, Branko: Did the West deliberately prolong the Ukraine war? *Responsible Statecraft*, 04.12.2023, https://responsiblestatecraft.org/ukraine-russia-talks/

Marcetic, Branco: The Grinding War in Ukraine Could Have Ended a Long Time Ago. In: *Jacobin* v. 2. August 2023. https://jacobin.com/2023/02/ukraine-russia-war-naftali-bennett-negotiations-peace

Markel, Gerhard: Was bleibt von der Ukraine? Wir haben alle verloren. *Exxpress*, 30.12.2023, https://exxpress.at/gerald-markel-was-bleibt-von-der-ukraine-wir-haben-alle-verloren/

Mayer, Thomas: Wahrheitssuche im Ukraine-Krieg. Um was es wirklich geht. Raubling: Jenbachmedia 2023

McChesney, Robert u. John Nichols: The Death and Life of American Journalism. The Media Revolution that will begin the World again. New York: Bold Type Books 2010

Mearsheimer, John J.: Bound to Lose. Ukraine's Clounteroffensive. *Substack* v. 02. September 2023, https://mearsheimer.substack.com/p/bound-to-lose

Mearsheimer, John J.: Das Desaster, das wir in der Ukraine angerichtet haben, nicht unterschätzen. Interview, *Internationale Friedensfabrik*, 14. Sept. 2022, https://www.internationale-friedensfabrik-wanfried.org/post/prof-mearsheimer-ukraine-krieg-ist-langfristige-gefahr

Mearsheimer, John J.: In der Ukraine kommt es zu einem endlosen Stellungskrieg. *Infosperber*, 04.06.2023, https://www.infosperber.ch/politik/welt/in-der-ukraine-kommt-es-zu-einem-endlosen-stellungskrieg/

Mearsheimer, John J.: Tödlicher Mangel an Realismus. John Mearsheimer widerspricht dem westlichen Narrativ zum Ukraine-Krieg. *Substack*, 27.12.2022, https://selken.substack.com/p/todlicher-mangel-an-realismus

Mearsheimer, John J.: The Darkness ahead: Where the Ukraine War is headed. *Substack*, 23. Juni 2023, https://mearsheimer.substack.com/p/the-darkness-ahead-where-the-ukraine

Mearsheimner, John J.: Die Dunkelheit, die vor uns liegt: Wohin sich der Ukraine-Krieg entwickeln wird. *Overton-Magazin*, 12. August 2023, https://overton-magazin.de/hintergrund/politik/die-dunkelheit-die-vor-uns-liegt-wohin-sich-der-ukraine-krieg-entwickeln-wird/

Mearsheimer, John J.: Die Zukunft der Ukraine sieht extrem düster aus. *Overton-Magazin*, 14. August 2023, https://overton-magazin.de/hintergrund/politik/mearsheimer-die-zukunft-der-ukraine-sieht-extrem-duester-aus/

Meduza: Russian Casualties in Ukraine: *Mediazona*, 12.07.2022, https://en.zona.media/article/2022/05/20/casualties_eng

Meyen, Michael: Die Propaganda-Matrix. Der Kampf für freie Medien entscheidet über unsere Zukunft. München: Rubikon 2021

Meyen, Michael: Wie ich meine Uni verlor. Dreißig Jahre Bildungskrieg. Bilanz eines Ostdeutschen. Berlin: edition ost 2023

Micalesian, Gian: The hidden truth about Ukraine – Part 1, https://www.youtube.com/watch?v=wR1NFI6TBH0 und ders.: The hidden truth about Ukraine – part 2, https://www.youtube.com/watch?v=V0rR2Fh1zWI

Michaels, David: The Triumph of Doubt. Dark Money and the Science of Deception, Oxford: Oxford University Press 2020

Minton Beddoes, Zanny: The Daily Show, 12.02.2024, https://www.youtube.com/watch?v=7cmWbSv-GOE

Morelli, Anne: Propaganda During Times of War. In: *The Postil Magazine* v. 1. Mai 2022. https://www.thepostil.com/author/anne-morelli/

Müller, Bernd: Energiekrise kostet Europa eine Billion Euro – und das ist erst der Anfang. *Telepolis* v. 19. Dez. 2022, https://www.telepolis.de/features/Energiekrise-kostet-Europa-eine-Billion-Euro-und-das-ist-erst-der-Anfang-7398516.html

Narr, Wolf-Dieter: Hin zu einer Gesellschaft bedingter Reflexe. In: Habermas, Jürgen (Hg.): Stichworte zur »Geistigen Situation der Zeit«. Frankfurt a. M.: Suhrkamp 1979, Bd. 2, S. 489–528

Neu, Alexander: Eskalieren, um zu de-eskalieren? Wie in Russland über die Vermeidung eines 3. Weltkrieges diskutiert wird. *Nachdenkseiten*, 04. Okt. 2023, https://www.nachdenkseiten.de/?p=104682

ntv.de: Langfristige Militärhilfe: Auch Italien und Kanada schließen Sicherheitsvertrag mit Ukraine. *MSN.com*, 25.02.2024, https://www.msn.com/de-de/nachrichten/politik/langfristige-milit%C3%A4rhilfe-auch-italien-und-kanada-schlie%C3%9Fen-sicherheitsvertrag-mit-ukraine/ar-BB1iPh3Z

Nuland, Victoria: Pinning Down Putin. How a confident America should deal with Russia. *Foreign Affairs*, 09.06.2020, https://www.belfercenter.org/publication/pinning-down-putin

Palley, Thomas: Hacking: Europas Außenpolitik wurde von den USA gekapert – die Folgen sind fatal. *Telepolis*, 18.02.2024, https://www.telepolis.de/features/Hacking-Europas-Aussenpolitik-wurde-von-den-USA-gekapert-die-Folgen-sind-fatal-9631313.html

Palley, Thomas: Wie die USA mit Ukraine-Krieg und Chinas Aufstieg Europa knackten. *Telepolis*, 19.02.2024, https://www.telepolis.de/features/Wie-die-USA-mit-Ukraine-Krieg-und-Chinas-Aufstieg-Europa-knackten-9631903.html?seite=all

Pax, Wilhelm: »Stratfor«: US-Hauptziel seit einem Jahrhundert ist es, ein deutsch,russisches Bündnis zu verhindern. *Neopresse*, 16. März 2015, https://www.neopresse.com/politik/stratfor-direktor-friedman-us-hauptziel-seit-einem-jahrhundert-ist-ein-deutsch-russisches-buendnis-zu-verhindern/

Permanent Mission of the Russian Federation to the United Nations Office in Geneva: War Crimes and Crimes against Humanity Committed by the Ukrainian Military-Political Leadership in Donbass. https://geneva.mid.ru/en_US/web/geneva_en/donbasstragedy

Peston, Robert: »BBC follows Daily Mail's lead too much. BBC economics editor's British Journalism Review Charles Wheeler lecture also expressed fears over influence of PR.« *The Guardian*, 06.06.2014, www.theguardian.com/media/2014/jun/06/robert-peston-threat-journalism-native-ads-charles-wheeler-lecture-full-text

Petro, Nicolai N.: The Tragedy of Ukraine. What classical Greek Tragedy can teach us about Conflict Resolution. Berlin u. Boston: de Gruyter 2023

Petro, Nikolai N.: What's next for Ukraine: The Outlines of a peaceful Settlement. *AntiWar*, 17.11.2023, https://original.antiwar.com/nicolai_petro/2023/11/16/whats-next-for-ukraine-the-outlines-of-a-peaceful-settlement/

Projanski, Harald: Kiews Schatten in D.C. *junge Welt*, 11.08.2023, https://www.jungewelt.de/loginFailed.php?ref=/artikel/456684.staatsmonopolistischer-kapitalismus-kiews-schatten-in-d-c.html

Raevsky, Andrei: Are Ukrainians Russians? In: *The Saker* v. 6. Dezember 2022. http://thesaker.is/are-ukrainian-russians/

Rauls, Rüdiger: Die Russen kommen! *Overton-Magazin*, 27.12.2023, https://overton-magazin.de/top-story/die-russen-kommen-2/

Reitschuster, Boris: Der »Correctiv«-Lauschangriff und das staatlich finanzierte Zensurnetzwerk. *Reitschuster.de*, 13.01.2024, https://reitschuster.de/post/der-correctiv-lauschangriff-und-das-staatlich-finanzierte-zensurnetzwerk/

Reuters: Slovak PM sway some Western states consider bilateral deals to send troops to Ukraine: *Reuters*, 26.02.2024, https://www.reuters.com/world/europe/slovak-pm-says-some-western-states-consider-bilateral-deals-send-troops-ukraine-2024-02-26/

Revedzhuk, Roman: More than 310,000 Ukrainian soldiers died in the war. https://youtu.be/0uAh19aQF58

Ricard, Philippe u. Elise Vincent: Les allies occidentaux pac concaincus par la perspective d'une intervention au sol en Ukraine, évoquée par Emmanuel Macron. *Le Monde*, 27.02.2024, https://www.lemonde.fr/international/article/2024/02/27/les-allies-divises-sur-l-option-d-une-intervention-au-sol-en-ukraine_6218802_3210.html

Riegel, Tobias: Israelischer Premier: Westen hat Waffenstillstand in der Ukraine verhindert. *Nachdenkseiten*, 07.02.2023, https://www.nachdenkseiten.de/?p=93498

Ritter, Scott: They're all dead, and Ukraine has no real men left, Interview, *Redacted*, 18. Juli 2023, https://www.youtube.com/watch?v=DsqIm3F02Rc

Röper, Horst: Das Verleger-Privileg. In: In: Matthias Kurp u. Bettina Lendzian (Hg.): Journalismus auf zwei Säulen. Drei Jahrzehnte Lokalfunk in Nordrhein-Westfalen. Stuttgart: Springer 2021, S. 117–125.

Röper, Thomas: Die EU zahlt: Waffenlieferungen an Kiew sind für die USA ein »Bombengeschäft«. *Anti-Spiegel*, 23.08.2023, https://www.anti-spiegel.ru/2023/die-eu-zahlt-waffenlieferungen-an-k

Röper, Thomas: Die Öl- und Gaslügen aus Brüssel und Berlin. *Anti-Spiegel* v. 17. Sept. 2023, https://www.anti-spiegel.ru/2023/die-oel-und-gasluegen-aus-bruessel-und-berlin/

Rodheudt, Guido: Gift Wrap. Neulich beerdigte unser Kolumnist eine Hundertjährige. Eine amüsante Anekdote aus dem Leben der Frau veranlasste ihn, über eine Branche nachzudenken, die es mit der Wahrheit oft nicht so genau nimmt. *Corrigenda*, 28.01.2024, https://www.corrigenda.online/trend/kolumne-von-guido-rodheudt-gift-wrap

Rustamova, Farida: Ukraine's 10-point plan. Faridaily obtained a list of the written proposals Ukrainian negotiators delivered to their Russian counterparts in Istanbul on March 29, 2022. *Substack*, 29.03.2022, https://faridaily.substack.com/p/ukraines-10-point-plan

Sachs, Jeffrey D.: Ukraine is the latest Neocon Disaster. In: *OtherNews* v. am 27. Juni 2022. https://www.jeffsachs.org/newspaper-articles/m6rb2a5tskpcxzesjk8hhzf96zh7w7

Sagnol, Marc: Ukraine-Konflikt: Donbass unter Beschuss. In: *Novo* v. 26. September 2014. https://www.novo-argumente.com/artikel/ukraine_konflikt_donbass_unter_beschuss

Sakwa, Richard: Frontline Ukraine, Crisis in the Borderlands, London u. New York: I.B.Tauris 2016

Schack, Ramon: Das Zeitalter der Idiotie. Wie Europa seine Zukunft verspielt. Berlin: edition ost 2023

Schaur, Winfried: Deutschland muss die Energieversorgung zukunftsfest machen. In: *Frankfurter Allgemeine Zeitung* v. 12. Oktober 2022

Schell, Jonathan: The Unconquerable World. Power, Nonviolence and the Will of the People. New York: Metropolitan 2003

Schiffer, Sabine: Medienanalyse. Ein kritisches Lehrbuch. Frankfurt a. M.: Westend 2021

Schlögel, Karl: Lemberg - Hauptstadt der europäischen Provinz. In: ders.: Promenade in Jalta und andere Städtebilder. München: Hanser 2001, S. 61–73

Schröder, Gerhard: So scheiterten die Friedensverhandlungen zwischen Ukraine und Russland. Interview gef. v. Tomasz Kurianowicz u. Moritz Eichhorn. *Berliner Zeitung*, 21.10.2023, https://www.berliner-zeitung.de/politik-gesellschaft/gerhard-schroeder-im-exklusiv-interview-was-merkel-2015-gemacht-hat-war-politisch-falsch-li.2151196

Schuberth, Richard: Die Sprache Z, die Sprache S. Im Krieg Russlands gegen die Ukraine werden auch die Reste einer kulturell hybriden Gesellschaft zerstört. *Konkret*, Oktober 2022, S. 52 f.

Seipel, Hubert: Putin – Innenansichten der Macht. Hamburg: Hoffmann u. Campe 2015

Seipel, Hubert: Jeder Krieg hat eine Vorgeschichte. *Weltwoche*, 12.01.2024, S. 27 f., https://weltwoche.de/story/jeder-krieg-hat-eine-vorgeschichte/

Seliger, Marco: Deutschland soll kriegstüchtig werden. Das heißt, die Zeiten sind vorbei, als das Land Checks ausstellte und dafür andere den Kopf hinhielten. *Neue Zürcher Zeitung*, 05.11.2023, https://www.nzz.ch/international/pistorius-und-die-kriegstuechtigkeit-deutschland-muss-kaempfen-lernen-ld.1763792

Serrao, Marc Felix: Verfassungsschutz weist Behauptung zurück, er stecke hinter dem Bericht über das »Geheimtreffen« von Potsdam. *NZZ*, 29.01.2024, https://www.nzz.ch/international/verfassungsschutz-weist-verwicklung-in-bericht-ueber-geheimplan-zurueck-ld.1776407?reduced=true

Sethe, Paul: Leserbrief an den Spiegel v. 08.03.1965. Zit. n.: Frei ist, wer reich ist. *Der Spiegel* 34/1966. https://www.spiegel.de/politik/frei-ist-wer-reich-ist-a-9100aa3e-0002-0001-0000-000046413915

Silverado Policy Accelerator: Russia Semiconductor Imports: Pre- and Post-Invasion Trends. In: *Silverado-News* v. 2. Oktober 2022. https://silverado.org/data-dashboards/russia-semiconductor-imports-dashboard-pre-and-post-invasion-trends/

Simplicius The Thinker: Avdeevka Denouement: Russian Momentum Turning Point. *Substack*, 25.02.2024, https://simplicius76.substack.com/p/avdeevka-denouement-russian-momentum

Sinclair, Upton: I, Candidate for Governor. And How I Got Licked. Oakland Tribune, 11.12.1934, S. 19

Sinclair, Upton: The Brass Check. Pasadena, Cal.: Published by the author 1919, digitalized for Project Gutenberg by Jane Rutledge

Skinner, Anna: Bakhmut Life Expectancy near four Hours on Frontlines, Fighter warns. *Newsweek*, 20.02.2023, https://www.newsweek.com/bakhmut-life-expectancy-near-four-hours-frontlines-ukraine-russia-1782496

Sloterdijk, Peter: Kritik der zynischen Vernunft. Frankfurt a. M.: Suhrkamp 1983

Staab, Philipp: Digitaler Kapitalismus. Markt und Herrschaft in der Ökonomie der Unknappheit. Frankfurt a. M.: Suhrkamp 2020(2)

Stoltenberg, Jens: Opening remarks at the joint meeting of the European Parliament's committee on *Foreign Affairs* (AFET) and the Subcommittee on Security and Defence (SEDE) followed by an exchange of view with Members of the European Parliament. 07. Sept. 2023, https://www.nato.int/cps/en/natohq/opinions_218172.htm#:~:text=The%20background%20was%20that%20President,condition%20for%20not%20invade%20Ukraine

Stolz, Christopher: Vorstoß an der Südfront. *Tagesspiegel* v. 21. Sept. 2023, https://www.tagesspiegel.de/internationales/vorstoss-an-der-sudfront-...1

Strate, Gerhard: Der ideale Dünger für neue Verschwörungstheorien. *Cicero*, 22.05.2020, https://www.cicero.de/innenpolitik/spiegel-magazin-foerderung-bill-gates-duenger-verschwoerungstheorien-corona-proteste

Streeck, Wolfgang: Die EU, die NATO und die nächste Neue Weltordnung. *Makroskop*, 22. September 2023, https://makroskop.eu/30-2023/die-eu-die-nato-und-die-nachste-neue-weltordnung/

Stuchlik, Stephan u.a.: Todesschüsse in Kiew: Wer ist für das Blutbad vom Maidan verantwortlich. *Monitor*, 10.04.2014, https://www.ardmediathek.de/video/monitor/todesschuesse-in-kiew-wer-ist-fuer-das-blutbad-vom-maidan-verantwortlich/das-erste/Y3JpZDovL3dkci5kZS9CZWI0cmFnLTc2ZGM1N2M0LTI0OTAtMTFlNS1hOWE3LTUyMjFhZjBjMmJiNQ

Todd, Emmanuel: «La Troisième Guerre mondiale a commencé«. *Le Figaro*, 12. Januar 2023, https://www.lefigaro.fr/vox/monde/emmanuel-todd-la-troisieme-guerre-mondiale-a-commence-20230112

Trenin, Dmitry: Wie Russland das Angstdefizit in den Beziehungen zum Westen überwinden kann. *Profil*, 27.02.2024 (Дмитрий Тренин : Как Россия может покончить с дефицитом страха в отношениях с Западом. Профиль, 27.02.2024), https://profile.ru/abroad/kak-rossiya-mozhet-pokonchit-s-deficitom-straha-v-otnosheniyah-s-zapadom-1456137/

Tuchman, Barbara: Die Torheit der Regierenden. Von Troja bis Vietnam. Frankfurt a. M.: S. Fischer 1984

U.S. Department of State: Immediate Release: Fact Sheet on U.S. Security Assistance to Ukraine. 12.12.2023.

van der Pijl, Kees: Der Abschuss. Flug MH17, die Ukraine und der neue Kalte Krieg. Köln: PapyRossa 2018

Verhaeghe, Paul: Der neoliberale Charakter. Wir leben in einer Wirtschaft, die das Ethos verändert und psychopathische Persönlichkeitsmerkmale belohnt. In: *Der Freitag* v. 24.10.2014, https://www.freitag.de/autoren/the-guardian/der-neoliberale-charakter

Vogl, Joseph: Kapital und Ressentiment. Eine kurze Theorie der Gegenwart. München: Beck 2022 (2)

Walt, Stephen M.: The Morality of Ukraine's War is very murky. *Foreign Affairs*, 22. September 2023, https://foreignpolicy.com/2023/09/22/ukraine-war-ethics-morality-murky/

Warweg, Florian: «Im Blindflug« – Bundesregierung hat bis heute keine Erkenntnisse zur konkreten Wirkung ihrer Russland-Sanktionen. In: *Nachdenkseiten* v. 8. November 2022. https://www.nachdenkseiten.de/?p=90107

Wendt, Alexander: Correctiv, Wannsee und der Moralputsch der Wohlgesinnten. *Tychiseinblick*, 01.02.2024, https://www.tichyseinblick.de/meinungen/correctiv-wannsee-und-der-moralputsch-der-wohlgesinnten/

Wohlfahrt, Norbert: Der Wille zum Krieg. Wehrtüchtig werden und mit den Friedensillusionen der Vergangenheit aufräumen. Die aktuelle Debatte zur Sicherheitspolitik. *junge Welt*, 06.02.2024, S. 12

Zamoyski, Adam: Poland. A History. London: William Collins 2015

Zollmann, Florian: A War foretold: How Western mainstream news media omitted NATO eastward expansion as a contributing factor to Russia's 2022 invasion of the Ukraine. *Sage Journals*, 30.12.2023, https://journals.sagepub.com/doi/10.1177/17506352231216908